# Reichsgerichts-Entscheidungen
## in kurzen Auszügen

Herausgegeben vom
**Deutschen Richterbund**

**Gesamtregister zu Zivilsachen
Band 120—130**

1931
München, Berlin und Leipzig
J. Schweitzer Verlag (Arthur Sellier).

Printed in Germany

Druck von Dr. F. P. Datterer & Cie., Freising-München

# Vorwort.

Das vorliegende Register bildet die Ergänzung zu dem 1929 erschienenen Gesamtregister zu Zivilsachen Band 83—119 und umfaßt die Bände 120 mit 130. Es ist beabsichtigt, die Ergänzungsregister jeweils nach Erscheinen von 10 Bänden laufend fortzusetzen.

# Sachregister.

Die fettgedruckten Ziffern verweisen auf die Bandzahl, die gewöhnlichen auf die Entscheidungsnummer.

## A.


**Abänderungsklage,** rechtskräftiges Urteil **129** 50
**Abänderungsrecht,** Verlagsvertrag **125** 34
**Abbruch,** Baupolizei **127** 51
**Abdeckereiprivileg** **129** 64
**Abfindung,** Aufwertung **126** 48; uneheliche Kinder **125** 73
**Abgaben, öffentliche,** Verwaltungszwangsverfahren **121** 25
**Abgeltung,** Rechtsweg **127** 68; Wohnungswirtschaft **127** 50
**Abgeordneter,** Ministerialzulage **127** 9
**Abgetretene Gebiete,** Hypothekenaufwertung **120** 62
**Ablösungsrecht,** Hypothek **123** 37, **126** 19; für Rechnung des Erwerbers **128** 7, 50
**Abnahmepflicht,** Liefervertrag **125** 47
**Absonderungsrecht,** Konkurs **125** 56, **126** 65; Stempelabgabe **127** 6
**Abstimmungsvollmacht,** Stempelsteuer **122** 19
**Abtretung,** Ausgleichsanspruch **130** 27, 64; Eigentümergrundschuld **124** 30; Geschäftsanteil **127** 13, 43; Grundschuld **126** 42; Höchstbetragshypothek **125** 28; Hypothek **122** 79; Schadenersatzansprüche **123** 86
**Abtretungsentgelt,** Kauf **127** 45
**Abtretungsurkunde,** Forderungsabtretung **126** 40
**Abwesenheitspflegschaft** **124** 56
**Abzahlungsgeschäft,** gute Sitten **128** 42
**Adäquate Verursachung,** Brandschaden **127** 7
**Adäquater Zusammenhang,** Kraftfahrzeugunfall **129** 26
**Adoption,** s. Annahme an Kindes Statt
**Agenturverhältnis,** Treu und Glauben **129** 17
**Aktienbuch,** Wirkung der Eintragung **123** 66
**Aktiengesellschaft,** Abtretung von Einlageansprüchen **124** 69; Anfechtungsklage **122** 22; Auflösung **123** 67; Aufsichtsratsbestellung **129** 36; Aufwertung rückständiger Einlagen **120** 81; Generalversammlungsbeschlüsse **121** 24, 56; **123** 49, 50; vor Eintragung **123** 89; Gründerhaftung **127** 35; Grundstückseinbringung **121** 24; Heilung bei Nachgründung **130** 55; Kapitalerhöhung **124** 54; als Kommanditistin **123** 67; Konkurs **120** 67, **127** 38; Mehrstimmrecht **122** 22; Nachgründung **130** 55; Nebenleistungen **121** 56; Nichtigkeit von Generalversammlungsbeschlüssen **120** 7, 81; russische

**129** 20; Sachübernahme **121** 24; Satzungsänderung **120** 41, **125** 67, **130** 55; Umstellung **122** 74; Umwandelung in Kommanditgesellschaft auf Aktien **129** 52; Verschmelzung **128** 43; Vermögensveräußerung **124** 54; Verschmelzung **124** 54; Vorstandshaftung **129** 53; Vorzugsaktien **125** 67
**Aktienübertragung** **123** 66
**Allgemeine Geschäftsbedingungen,** Stempelsteuer **122** 16
**Allgemeine Gütergemeinschaft,** s. Güterrecht eheliches
**Allgemeine Vertragsbedingungen,** Einbruchsversicherung **121** 39; Wechselrecht **126** 74
**Altruhestandsbeamte,** Rechte **121** 15
**Amerikaner,** Zwangslizenz **121** 77
**Ämterbesetzung,** Rechtsweg **128** 23
**Amtsgeheimnis,** Schiedsrichter **129** 4; s. a. Schweigepflicht
**Amtspflichtverletzung,** Arzt **126** 54; Feuerwehrmann **124** 35; Gemeindehaftung **120** 36; Hafenbeamte **125** 4; Lehrer **121** 58; Notar **129** 6, **130** 86; Polizeibehörde **120** 51, **125** 20; Postbeamter **120** 15, **130** 85; Präsident des Entschädigungsamts **121** 55; Prozeßrichter **129** 9; Reichsbahnbeamter **127** 38; Rückgriff **126** 78; Studienrat **125** 17; Vollstreckungsrichter **125** 59, **128** 39; Vormundschaftsrichter **121** 27, **127** 30; willkürliche Steuer **130** 69; Wohnungsamt **126** 23; Zollbeamte **121** 43
**Amtsverlust** **120** 76
**Anfechtung,** Arglisteinrede **130** 46; Beamtenanstellung **124** 40; Bestätigung **129** 67; dingliche Ansprüche **123** 60; Ehelichkeit **123** 63; Eheverfahren **127** 37; s. a. Eheanfechtung; Generalversammlungsbeschlüsse **121** 24, 56; Geschenk **124** 13; Grundschuldabtretung **130** 80; Irrtum **124** 26; s. a. Irrtum; im Konkurs **126** 65, **127** 11, **129** 71; Kündigung **120** 14; Lebensversicherung **130** 46, 60; Testament **130** 45; unentgeltliche Verfügung **125** 49; Zwangsvergleich **127** 71
**Anfechtungsfrist,** Kaufpreisabtretung **126** 40
**Anfechtungsklage,** Aktienrecht **122** 22
**Angebot,** Annahme **124** 61, **129** 21
**Angestellte,** Berufsgenossenschaft **121** 54; Entlassung **123** 53; Verschuldenshaftung **123** 53
**Angestelltenrat,** Kündigung **126** 11
**Angestelltenrecht** **121** 6
**Anleihe, städtische,** Genehmigung **122** 38
**Anleiheablösung** **120** 19, **129** 68; hamburgische Staatsrente **129** 63; Rechtsweg **127** 16; Schuldscheindarlehen **123** 89
**Anliegerrecht** **126** 80

**Anmeldefrist,** Schleppschäden **126** 69
**Anmeldezwang,** Aufwertung **120** 23
**Anmeldung** im Konkurs **121** 51; Richtigkeit **120** 50; s. a. Aufwertung
**Annahme an Kindes Statt** **121** 9, 27, **125** 53, **129** 47
**Anrechnung,** Rente auf Schadenersatzforderung **130** 56
**Anscheinbeweis,** Versicherung **127** 7, **130** 57
**Anschlußbeschwerde,** Aufwertungsverfahren **120** 61
**Anspruchsanmeldung,** Zurücknahme **120** 53
**Anspruchsverlust,** Aufwertung **120** 23; Seeversicherung **123** 40
**Anstandspflicht,** Schenkung **125** 73
**Anstellung, einstweilige,** Mittelschullehrer **128** 36
**Anstellungsvertrag,** Beamter **126** 33
**Anteilsabtretung,** G. m. b. H. **120** 12
**Anteilsübertragung,** A.-G. **123** 90
**Anwaltskosten,** Armenrecht **126** 63; Mieteinigungsamt **126** 23
**Anzeigepflicht,** Seeversicherung **123** 4, 5; Versicherung **127** 69
**Anzeigeverbot,** Unterlassungsklage **124** 51
**Arbeitnehmereinlage,** Aufwertung **123** 79, **125** 19
**Arbeitsgericht,** Ruhegehaltsfestsetzung **125** 38
**Arglist** **120** 84, **121** 6, 24, 43, **122** 42, **123** 23, 60, **124** 63, **125** 61, **126** 40, 50, 69, 83, **127** 69, **129** 51, **130** 46, 64
**Armenanwalt,** Sicherheit **126** 39
**Armenrecht,** Anwaltskosten **126** 63; Ausländer **126** 12; Beschwerde **126** 76, **130** 73; Fristhemmung **120** 1, 32, **126** 76; Prozeßgebühr **125** 22; Wiedereinsetzung **129** 34
**Arrestpfändung** **121** 82
**Arzneimittel,** Verkehr mit **128** 48
**Arzt,** Haftung **125** 72, **128** 19
**Ärztlicher Standesverein,** gute Sitten **130** 19
**Aufgebotsverfahren** **121** 7
**Auflage,** Testament **120** 54
**Auflassung,** Erbengemeinschaft **125** 27; heilende Kraft **121** 88; Stempelabgabe **129** 2; Vormerkung **121** 11, **123** 12, **128** 41
**Auflassungsvollmacht,** Stempelabgabe **127** 24
**Auflösung,** Genossenschaft **122** 55, **125** 40
**Aufnahme** des Verfahrens **127** 38
**Aufrechnung,** Arglisteinwand **121** 44; Bürge **122** 31; Erfüllung **120** 63; Gehaltsforderung **124** 34; im Konkurs **121** 86; Prüfung im Grundverfahren **123** 2; Schiedsvereinbarung **123** 78; mit Sparguthaben **120** 69; Voraussetzung **129** 11, 14

**Aufrechnungsverbot,** Gesellschaftsrecht **123** 3; vertragliches **124** 4

**Aufschiebende Bedingung,** Gesamtsicherungshypothek **122** 71

**Aufsicht,** Lebensversicherung **129** 1

**Aufsichtspflicht,** Betriebsleiter **128** 51; Jugendwettkämpfe **121** 58; Stationsvorstand **121** 90; Studienrat **125** 17

**Aufsichtsrat,** A.-G. **129** 36; Arbeitnehmereigenschaft **123** 79; Rentenbank **125** 5

**Aufwertung,** Abgeltung **127** 86; abgetretene Forderung **121** 67, **127** 31; Abtretung von Ausgleichsansprüchen **130** 64; Anmeldung **121** 72, 73, 92; Anmeldezwang **120** 23, **128** 50; Anspruchsanmeldung **120** 53; Arbeitnehmereinlagen **123** 79, **125** 19; Ausgleichspflicht **121** 14, 78, **123** 42, **125** 9, 10, **128** 56, **129** 54, **130** 27; Ausländer **121** 50, 80; ausländisches Recht **120** 62; **126** 43 ausländische Versicherung **120** 16; Bankguthaben **126** 17, 72; Barguthaben **120** 19; Baubeihilfe **123** 1; Beamtengehalt **124** 48; Befreiungsanspruch **129** 7; Beihilfedarlehen **123** 34; Bergzehnten **129** 44; Beschwerde, weitere **125** 54; Beweislast **121** 75, **124** 60; Branntweinmonopol-Entschädigung **121** 23, **128** 53; Darlehen **122** 82; Eigentümergrundschuld **125** 6, 62, **126** 20, 37, **127** 60, **130** 80; Eigentümerrangbefugnis **122** 81; Einlagen **126** 84; Einschränkung des öffentlichen Glaubens des Grundbuchs **130** 72; Enteignungsentschädigung **120** 40, **121** 18, **122** 23, 36, **123** 11; Feststellungsklage **128** 55; Forderung abgetretene **122** 33; Forderungsumgestaltung **125** 75; freie **123** 85; Fristablauf **120** 61; Gehaltsansprüche **125** 19; Genossenschaftsanteil **122** 6; Genossenschaftseinlagen **125** 71; Genossenschaftshaftsumme **123** 61; Gesetzesauslegung **120** 49, 50, 77, 79; Gleitpreise **124** 18; Goldklausel **121** 26; Grundstücksaktien **126** 3; guter Glaube **122** 26; Gutsüberlassung **121** 71, **128** 31; Härteklausel **121** 78, **123** 42, **125** 66; Hemmung **126** 12; Höchstbetragshypothek **120** 83, **123** 1; Hypotheken **120** 64, 74, 79, **121** 61, **122** 79, **124** 36, 42, **125** 21, 35, 62, **126** 48, **128** 40, **129** 7; Hypothekenablösung **127** 65; Hypothekenbank **123** 75; Kaufgeldforderung **125** 35; Konkursforderung **124** 1; Kontokorrent **121** 51, **123** 87; Lebensversicherung **127** 67, **129** 27; Lebensversicherung, ausländische **127** 5; Mietzins **125** 2, **126** 67; Oberschlesien **120** 62, **123** 31; Pachtzins **120** 2, 3; Pfandauswechslung **127** 1; Pfandbriefdarlehen **127** 16; Provinzialobligationen **129**

39; Rangverhältnis **121** 30; Rangvorbehalt **125** 6; Reallastablösung **129** 43; Rechnung, laufende **125** 19; Rechtskraft **125** 35; Rechtskraftsurteil **123** 16; Rechtsnachfolge **129** 54; Rechtsnachfolge im Prozeß **123** 20; Rechtsweg **121** 80, **122** 21; Reichsbahn **126** 34; reine **129** 42; Rente **129** 62; Rentenbrief **129** 57; Rentengut **121** 47; Restkaufpreishypothek **120** 65, **121** 42, **122** 4, 32, **123** 6, **128** 43; Rückwirkung **121** 33, **123** 22, **128** 7; Saargebiet **124** 62; Schuldbefreiung **121** 70; Schuldbuch **121** 81; Schuldscheindarlehen **120** 19, **125** 43; Schuldübernahme **121** 10, **128** 11; Schuldverschreibung **124** 66; Sicherheit **121** 40; Stammeinlagen der G.m.b.H. **124** 52; Treu und Glauben **129** 11; Treuhänder **130** 42; Treuhandverhältnis **121** 72; Umsatzgeschäft **124** 18; Unfallentschädigung **126** 62; Vereinbarung **120** 57, 69; Vergleich **121** 87, **122** 42, 45, 51, 52, **123** 55, 76, **127** 26, 55, **129** 44, **130** 42; Verjährung **126** 62, **129** 74, **130** 18, 52; Verjährungshemmung **120** 80; Vermögensübernahme **120** 75; Vermutung **121** 75; Versailler Vertrag **121** 80; Versicherung **121** 1, 2, **122** 8, 45, **126** 47, **130** 42; Versorgungsansprüche **124** 57; Verwirkung **122** 6, **126** 67, **124** 10, 48, **129** 74; Verzicht **120** 53, **122** 21; Verzinsung **121** 37; Verzug **121** 13, 32, 51, 87, **122** 6, 8, **126** 14, 60; Vorbehalt **122** 33; Vormerkung **124** 42; Wiedereinsetzung **129** 38; Zwangsversteigerung **122** 47; Zwischenzinsen **121** 13, 62

**Aufwertungsstelle,** Beschlußanfechtung **120** 18; Forderungsanmeldung **123** 19; Zuständigkeit **123** 19, **125** 75, **127** 31

**Aufwertungsvergleich,** Rechtswirkung **123** 55

**Auseinandersetzung,** Erbengemeinschaft **126** 48; Genossenschaft **128** 15; Gesellschaft **123** 7; Kommanditgesellschaft **127** 28; Schul- und Kirchenvermögen **127** 46

**Auseinandersetzungsguthaben** **122** 6

**Ausgleichsanspruch,** Abtretung **130** 27, 64; Aufwertung **120** 65, **121** 14, 35, 61, 78, **122** 80, **123** 42, **125** 9, 10, **126** 3, **128** 56, **129** 54

**Ausgleichspflicht,** Kraftfahrzeugunfall **130** 30; offene Handelsgesellschaft **122** 32

**Ausgleichsverfahren** **121** 4; Versailler Vertrag **124** 5

**Ausgleichung** **121** 32, **130** 27

**Auskunft,** Haftung **126** 10; Nachlaßbestand **129** 49

**Auskunftserteilung,** Bank **126** 24

**Auskunftspflicht,** Auftrag **126** 28; Korrespondentreeder **126** 8

**Ausland,** A.-G. **129** 20; Klage **129** 70; merkantiles **128** 2; Warenzeichen **129** 70
**Ausländer,** Aufwertungspflicht **121** 50, 80; Grundstückserwerb **128** 57; Haftungsbeschränkung **128** 39
**Ausländische Lebensversicherung,** Aufwertung **127** 5; Reichsaufsicht **127** 67
**Ausländisches Recht,** Annahme an Kindes Statt **125** 53; Aufwertung **120** 62, **126** 43; Ehescheidung **126** 75
**Ausschluß,** Genossenschaft **128** 15, **129** 10; G. m. b. H. **127** 43; Kommanditgesellschaft **122** 68; Verein **122** 57
**Ausschlußfrist,** Scheidungsklage **128** 5
**Außerplanmäßige Anstellung,** Kündigungsbeamter **127** 63
**Aussetzung,** Verfahren; s. Verfahrensaussetzung
**Ausstattungsbesitz** **120** 84
**Austritt,** Genossenschaft **130** 44; Verein **122** 57, **130** 78
**Außenhandelsstelle,** juristische Person **130** 38; Rechtsnachfolge **130** 38
**Aval,** Wechselfälschung **126** 46.

**B.**

**Bank,** Auskunftserteilung **126** 10, 24; Haftung für verspätete Auftragserledigung **130** 5; Provinzialhilfskasse **129** 39; Sparkasse **127** 41
**Bankguthaben,** Aufwertung **126** 17, 22
**Bankhypothek,** Ablösung **127** 66
**Bankvollmacht,** Stempelpflicht **125** 18
**Barguthaben,** Aufwertung **120** 19
**Bau** auf fremdem Grundstück **130** 67
**Baubeihilfe,** Aufwertung **123** 1
**Bauerlaubnis,** Versagung **126** 77, **128** 2
**Baugenossenschaft,** Austritt **130** 44; Übereignung **126** 45; Wiederkaufsrecht **130** 44; s. a. Genossenschaft
**Beamte,** Amtspflichtverletzung, siehe Amtspflichtverletzung; Amtsverlust **120** 76; Dienstentlassung **126** 51; Dienstwohnung **122** 20; Gehaltsansprüche **125** 61; Gemeindebeamte **125** 82; Haftung s. Amtspflichtverletzung; Ruhegehalt **120** 72, 82, **121** 15, 53, **123** 48, 51, **125** 1, 5, 38, **126** 36; Ruhestandsversetzung **122** 24; unerlaubte Entfernung aus dem Amt **125** 61; Versetzung **122** 3, **127** 9, **130** 84; Versorgungsanwärter **121** 83; Wartegeld **121** 36; wohlerworbene Rechte **120** 72, 82, **125** 58, 70, **127** 29, **129** 18, 48; Wohnungsgeld **125** 70; Zahlmeister **122** 1
**Beamtenanstellung,** Gemeindebeamte **126** 33; preußische Landgemeinde **121** 22; Reichsbahn **120** 14
**Beamtenbesoldung,** Reichsbeamte **130** 84; städtische Beamte **122** 2
**Beamtenbezüge,** richterliches Prüfungsrecht **124** 45

**Beamtengehalt,** Aufwertung **124** 48
**Beamtenunfall,** adäquater Zusammenhang **129** 26
**Beamtenunfallfürsorge** **122** 10
**Bearbeitung,** Schriftwerk **121** 17
**Bedingung,** Verhinderung des Eintritts **122** 54
**Beförderungstarif,** Reichsbahn **120** 60
**Beförderungsvertrag,** Seerecht **124** 11
**Beförderungszwang,** Reichsbahn **130** 16
**Befreiungsanspruch,** Aufwertung **129** 7
**Behörde,** Delegation **124** 20; Umbildung **124** 20, 34; Willkürhandlung **130** 63, 69
**Behördliche Anordnung,** Auslegung **120** 27
**Beihilfedarlehen,** Aufwertung **123** 34
**Belastungsverteilung,** Industriebelastung **123** 29
**Belehrungspflicht,** Notar **122** 17
**Bemannung,** Seeversicherung **122** 50
**Benutzung,** Schriftwerk **121** 17, 84, **129** 51
**Benutzung, mittelbare,** Patent **122** 53
**Berechtigte Interessen** s. Interessen
**Bereicherung, ungerechtfertigte,** Aufrechnungsmöglichkeit, versäumte **120** 63; Aufwertung **121** 11, **127** 65; Bau auf fremdem Grundstück **130** 67; Beschlagnahmeablösung **127** 50; Eintragung eines dingl. Vorkaufsrechtes **125** 52; Ersatzherausgabe **120** 66; Geldentwertung **126** 41; Geschäftsanteilsabtretung **124** 68; Grundstückseigentum **121** 11; Grundstückskauf, nichtiger **129** 60; Kauf **124** 26; Kaufpreiserhöhung **121** 35; Rechtsgrund **121** 35; Schenkung Geisteskranker **130** 14; Schuldanerkenntnis **123** 56; Sicherheitshinterlegung **129** 74; Urheberrecht **121** 60; Verjährung **128** 33; Vermittelungsprovision **122** 49; Vertragsrücktritt wegen Währungsverfalles **130** 28
**Bergrecht,** Spezialvollmacht **120** 13
**Bergschaden** **127** 8; **130** 36; Ersatz **130** 74; Immission **130** 74
**Bergzehnten,** Aufwertung **129** 44
**Berichtigung,** Urteil **122** 72; Wechsel **126** 1; Zwangsversteigerungsbeschluß **129** 31
**Berufsfeuerwehr,** Beamtenhaftung **129** 59
**Berufsgenossenschaft,** Angestellte **121** 54; Unfallverhütung **128** 51
**Berufsunfall,** Bindung des Revisionsgerichts **129** 45
**Berufswahl,** Mitwirkungsrecht der Eltern **129** 5
**Berufung,** Aufwertungsverfahren **128** 56; Ehesachen **123** 83; Wiedereinsetzung **121** 29
**Berufungsbegründung,** Inhalt **125** 8

**Berufungsfrist,** Unterbrechung **122** 11
**Berufungsgericht,** Bindung **129** 45; neues Vorbringen **127** 12
**Berufungsschrift,** Inhalt **125** 48
**Beschaffenheitsangabe,** Täuschung **128** 44
**Beschlagnahme,** feindliche **130** 5
**Beschlagnahmeablösung,** Bereicherung **127** 50
**Beschlußanfechtung,** Aufwertungsstelle **120** 18
**Beschwerde,** Armenrecht **126** 76, **130** 73; Aufwertungsverfahren **120** 18; Ehesachen **123** 83; Fürsorgeerziehungsverfahren **124** 57; Volksschullehrerruhegehalt **123** 48; Wiedereinsetzung **127** 53
**Beschwerde, weitere** **122** 59; Aufwertungsverfahren **125** 54
**Besetzung** des Gerichts s. Gerichtsbesetzung
**Besitz,** Zwangsvollstreckung **127** 2
**Besoldungsdienstalter,** Zahlmeister **122** 1
**Bestandsverzeichnis,** Güterrecht **126** 24
**Bestandteil,** Maschinen **130** 58
**Bestätigung,** Annahme an Kindes Statt **121** 27; Mietzinsvereinbarung **125** 2; Rücktritt **128** 18
**Bestellungsschein,** Stempelpflicht **126** 79
**Besteuerungsrecht,** Religionsgemeinschaft **125** 37
**Bestimmtheit,** Klagantrag **130** 58
**Beteiligung,** Aufwertung **122** 82
**Betrieb,** Kraftfahrzeug **122** 58
**Betriebserfindung,** Reichsbahnbeamter **127** 28
**Betriebsleiter,** Aufsichtspflicht **128** 51
**Betriebsrat,** Entlassung **126** 11
**Betriebsunfall,** Beamte **122** 10; Beweislast **126** 31; Eisenbahnbetrieb **126** 31
**Betriebsvertretung,** Entlassung von Betriebsratsmitgliedern **126** 11
**Beurkundung,** Stempelabgabe **126** 79, **130** 51
**Beweggrund,** Unterschied von Rechtsgrund **121** 35
**Beweis** des ersten Anscheins **126** 31, **130** 75; durch Eid **120** 20
**Beweisangebot,** Vorbereitung **130** 4
**Beweislast,** Amtspflichtverletzung **120** 15; ärztliches Verschulden **128** 19; Brandschaden **122** 64; Betriebsunfall **126** 31; Eheanfechtung **125** 33; Eisenbahnfracht **120** 70; Feuerversicherung **127** 7, **130** 57; Kauf **127** 45; Kommissionsvertrag **126** 15; Kraftwagenhalter **120** 35; Patentverletzung **125** 76; Personenbeförderungsvertrag **124** 11; Schuldscheindarlehen **127** 32; Versicherung **121** 39; Wechselrecht **124** 15, **126** 74, **129** 32

**Beweiswürdigung,** richterlicher Eid **128** 47; Zustellungsurkunde **124** 7
**Bigamie** s. Doppelehe
**Bildnis,** Recht am **125** 16
**Bildzitat** **130** 43
**Bindung,** frühere Urteile **124** 36
**Binnenschiffahrt,** Freizeichnung **125** 83; Ladeschein **122** 48; Schadenersatz **127** 14; Sorgfaltspflicht **126** 70
**Blankogiro** **129** 32
**Blankopapier,** Wechsel **130** 17
**Börsentermingeschäft** **127** 42; vereinbarte Leistung **129** 41
**Branntweinmonopolentschädigung,** Aufwertung **121** 23
**Branntweinmonopolgesetz,** Rückwirkung **128** 53
**Bucheigentum** **121** 79
**Buchtitel,** literarisches Urheberrecht **123** 30
**Bühnenverein,** Monopolstellung **128** 16
**Bühnenwerk,** freie Benutzung **121** 17
**Bürgschaft,** Aufrechnungsrecht **122** 31; Kreditumwechslung **126** 61; Rückbürgschaft **126** 61; Schriftform **126** 27
**Bürovorsteher, städtischer,** Besoldung **122** 2

## C.

**Cavete-Tafel** s. ärztlicher Standesverein
**Charterpartie,** Seerecht **122** 69
**Chemikalien,** Eisenbahntarif **120** 22

## D.

**Darlehen,** Aufwertung **121** 42, **122** 82
**Darlehenskassenschein,** Aufwertung **129** 22
**Darlehensschuldschein,** Form **125** 43
**Darlehensvermittelung,** Rechtsanwaltsgebühr **121** 49
**Darlehensvertrag,** Abzahlungsgeschäft **128** 42
**Dauerleistungsverhältnis,** Kartell **128** 1
**Deklarationspflicht,** Seeversicherung **123** 4
**Depot,** Nummernverzeichnis **121** 12
**Depotwechsel,** Begebung **124** 15; städtische Sparkasse **122** 38
**Deputation, städtische,** Rechte **122** 38
**Dienstbarkeit,** Anliegerrecht **126** 80
**Dienstbezüge,** Verzinsung **124** 45
**Dienstentlassung,** Beamte **126** 51; Reichswehr **129** 58
**Diensterfindung,** Reichsbahnerfindung **127** 38
**Dienstverfehlung** s. Amtspflichtverletzung
**Dienstverhältnis,** abschließende Beurteilung **130** 62
**Dienstvertrag,** Dienstordnung **123** 53; Kündigung **122** 7; Schadenersatz **127** 40
**Dienstwohnung,** Beamte **122** 20; städtische Beamte **128** 9
**Dingliche Last,** polizeiliche Auflage **129** 3

**Diskonticrung,** Wechsel **126** 74
**Doppelehe 120** 8
**Doppelvollmacht 121** 9
**Druckfehler,** amtliche Veröffentlichung **125** 12
**Duldung, stillschweigende,** Urheberrecht **129** 51

**E.**

**Ebenbürtigkeit,** Privatfürstenrecht **124** 27
**Ehe,** nichtige **120** 8
**Eheanfechtung,** Beweislast **125** 33; persönliche Eigenschaften **128** 12
**Ehebruch 120** 8
**Eheliches Güterrecht,** eingebrachtes Gut **125** 78; Erwerbsgut **127** 22; Erwerbsschädigung der Ehefrau **129** 12; Verfügungsrecht des Ehemannes **124** 58; Vorbehaltsgut **127** 22
**Ehelichkeitsanfechtung 123** 63
**Ehemann,** Verfügungsrecht **124** 58
**Ehescheidung,** Abwesenheitspflegschaft **126** 56; Anfechtung **127** 37; ausländisches Recht **126** 75; Berufung **123** 83; Beschwerde **123** 83; Eheverfehlung **124** 12, **127** 20, **130** 39; Fehlen mündlicher Verhandlung **123** 74; internationales Privatrecht **126** 75; Irrtum **123** 58; Rechtsmittel **123** 21, 32; Rechtsmittelfrist **123** 74; Rußland **121** 8; schriftliche Erklärung **130** 3; Unterhaltspflicht **129** 5; Urteilszustellung **122** 46, **123** 74; Vereinbarung **126** 57; Verzeihung **123** 58; Verzug **130** 10; Vorprozeß **126** 57; Widerklage **122** 44, **126** 64, **127** 70; Zerrüttung **126** 38
**Ehescheidungsklage,** Ausschlußfrist **128** 5; Verjährung **128** 5
**Eheverfahren,** Zuständigkeit **127** 37; Zuständigkeit, örtliche **130** 10
**Eidesnorm,** Offenbarungseid **125** 51
**Eidesstattliche Versicherung,** Eheverfahren **130** 3
**Eidesverweigerung 120** 20
**Eigenschaft, wesentliche,** Irrtumsanfechtung **124** 26
**Eigentümergrundschuld,** Abtretung **124** 30, **126** 20; Aufwertung **125** 6, 62, **126** 20, 37, **127** 60, **130** 80; Pfändung **120** 25; Rangvorbehalt **130** 80; Übernahme **120** 38
**Eigentümerrangbefugnis 122** 81
**Eigentümliche Schöpfung,** Urheberrecht **129** 51
**Eigentumsanspruch,** Bergschaden **127** 8
**Eigentumsklage 121** 79
**Eigentumsrecht,** öffentliche Straße **123** 45, 46
**Eigentumsverfallklausel 130** 49
**Eigentumsvermutung 120** 24
**Einkommensteuer 122** 73
**Einlageansprüche,** Abtretung **124** 69
**Einlagen, rückständige,** Aufwertung **120** 81, **125** 19
**Einmanngesellschaft,** Aufwertungsrecht **129** 11
**Einrede,** Aufwertung **128** 40

**Einstellung,** Zwangsvollstreckung **125** 7
**Einstweilige Verfügung,** Grundstückskauf **120** 27; Schadenersatz **121** 46
**Eintragung,** Genossenschaft **125** 30
**Eintragungsverwechslung,** Hypothek **123** 43
**Einzelrichter,** Beweisverfahren **123** 33
**Eisenbahn,** Beihilfevertrag **125** 77; Betriebsunfall **126** 31, 62; Zwangsverstaatlichung **125** 44
**Eisenbahnfracht,** Frachtrückerstattung **120** 60; internationaler Verkehr **124** 22; Kostbarkeit **120** 70; Tarifauslegung **127** 54; Umstationierung **120** 60, **127** 54
**Eisenbahngesellschaft,** Privileg **130** 68
**Eisenbahnunfall,** Haftungsgrenze **124** 38; polnischer Korridor **124** 43
**Elektrische Anlagen,** Telegraphenwegegesetz **123** 91
**Elsaß-Lothringen,** Staatsangehörigkeit **120** 47
**Elterliche Gewalt,** minderjähriger Erbe **130** 29
**Entbindungsheim,** Arztpflichten **130** 19
**Enteignung,** Abbruchsuntersagung **127** 51; Anleiheablösungsgesetz **129** 39; Anliegerrecht **126** 80; Fluchtlinienfestsetzung **128** 2; Geschlechtskrankheitengesetz **129** 29; Hypotheken **122** 36; Kirchengut **127** 46; preußisches Volksschullehrerdiensteinkommensgesetz **129** 50; Rechtsweg **121** 4, **127** 17, **130** 40; Vergleich **127** 17, **130** 12; Währungsklausel **126** 43; Währungsverfall **129** 22; Wasserentziehung **129** 72; Wertschuld **130** 12, 77
**Enteignungsentschädigung,** Aufwertung **120** 40, **121** 18, **122** 23, 36, **123** 11; Fälligkeit **130** 40
**Enteignungsverfahren,** Anwaltskosten **126** 44; Wirkung der Hinterlegung **123** 68
**Entlassung,** Dienstvertrag **122** 7; Angestellte **123** 53
**Entlastungsbeweis,** Kraftwagenhalter **129** 12; Reederei **126** 7; Streupflicht **121** 90; Tierschaden **129** 12
**Entlastungsgesetz,** Verfahren **124** 31
**Entschädigung,** Privileg **130** 68; Wiederaufnahmeverfahren **129** 58
**Erbbegräbnis,** Instandhaltungspflicht **120** 54
**Erbe,** Kündigungsrecht **130** 9
**Erbengemeinschaft,** Auflassung **125** 27; Auseinandersetzung **126** 48; Eintragung **123** 84
**Erbteil,** Übereignung **129** 24
**Erfindung,** Pachtrecht **122** 15; s. a. Betriebserfindung
**Erfindungsgedanke,** Gebrauchsmuster **128** 32
**Erfüllungsgehilfe,** Bank **126** 15; Rennfahrer **127** 59; Schlepperführer **122** 62;

Sparkassendirektor **126** 10; Versicherungsdirektor **120** 42; Werkvertrag **127** 4
**Erklärung, öffentliche,** Auslegung **130** 21
**Ermessen, richterliches,** Grundbuchamt **126** 25
**Ermessensentscheidung,** Zwangsversteigerungsverfahren **125** 59
**Ersatzanlage,** Enteignung **129** 72
**Ersatzansprüche,** Aufwendungen **126** 41
**Ersatzherausgabe** **120** 66, 78
**Ersatzkredit** **126** 61
**Ersatzraumstellung,** Mietrecht **122** 12
**Ersatzzustellung,** Urteil **122** 63
**Erscheinen,** urheberrechtlicher Begriff **130** 4
**Ersitzung** **125** 23, **130** 14
**Erwerb, entgeltlicher** **129** 60; gutgläubiger **129** 65
**Erwerbsgeschäft,** eheliches Güterrecht **127** 22
**Erwerbslosenfürsorge,** Dienstvertrag **121** 65

## F.

**Fahrgast,** Unfallversicherung **125** 3
**Fahrlässigkeit,** Kraftfahrzeugunfall **129** 72; Rechtsanwalt **124** 24; Treibjagd **128** 4
**Fälligkeit, vorzeitige,** Aufwertung **121** 62
**Faltboot,** Verkehrsmittel **125** 3
**Familiengesellschaft** **130** 72
**Familienstandsklage** **122** 5
**Felle,** Kostbarkeit **120** 70
**Fernmelderecht,** Rundfunkmitteilung **128** 52
**Fernsprechleitung,** Reichsposthaftung **126** 6
**Feststellungsklage,** Aktienrecht **122** 22; Aufwertung **128** 55; Beamtenrecht **122** 24; Bühnenverein **128** 16; Grundstückskauf **121** 38; künftige Verhältnisse **123** 57; Kunstschutzgesetz **130** 43; negative **126** 4; ruhegehaltsfähiges Dienstalter **129** 8; Schadenersatz **124** 68; Seerecht **122** 62; Stempelsteuer **122** 40; Unfallentschädigung **127** 34; Vereinsrecht **122** 57; Vertragsnichtigkeit **124** 19; Zwangsvergleich **122** 76
**Feuerschutzkosten,** Gebühr **123** 77
**Feuerversicherung,** allgemeine Vertragsbedingungen **124** 59; Anscheinbeweis **130** 57; Arglist **124** 63; Beweislast **122** 64, **130** 57; Haftung des Leiters **120** 42; Hypothek **122** 27; Kündigung **124** 59; Leistungsablehnung **122** 8; Schadenersatz **122** 66; Schätzungsverfahren **130** 24; Unterversicherung **127** 56; Vertragsauslegung **124** 63; Vertragsklausel, typische **124** 59, 63
**Feuerwehr,** Dienstvorschriften **129** 59
**Fideikommiß,** Privat-Fürstenrecht **124** 27
**Filiale,** Mietrecht **124** 2
**Firmenbezeichnung,** G. m. b. H. **127** 15

**Firmenrecht,** Kommanditgesellschaft **123** 84
**Firmenzusatz,** G. m. b. H. **127** 15
**Fluchtlinienrecht** **128** 2
**Fobklausel,** Begriff **123** 25
**Forderung, abgetretene,** Aufwertung **127** 31
**Forderungsabtretung,** Wirkung **125** 50, **126** 40
**Forderungsanmeldung,** Aufwertungsstelle **123** 19
**Forderungsauswechslung** **125** 28
**Forderungspfändung,** Zwangsvollstreckung **128** 14
**Forderungssicherung,** Aufwertung **123** 1
**Forderungsübergang,** Versicherungsanspruch **124** 25
**Forderungsumwandlung,** Aufwertung **120** 77, **121** 67, **125** 75
**Formularklausel,** Auslegung **124** 3
**Formvorschrift,** Grundstückskauf **120** 26; Übereignung bei Genossenschaften **126** 45, **127** 13; Vergleich **120** 26
**Frachtführer,** Pfandrecht **122** 48
**Frachtgeschäft,** Binnenschiffahrt **122** 48
**Frachtrückerstattung** **120** 60
**Fragepflicht,** gerichtliche **130** 58
**Frankengrundschuld,** Fälligkeit **130** 48
**Freies Ermessen,** Amtspflichtverletzung **121** 55
**Freifläche** **128** 2
**Freigabeerklärung,** Konkursverwalter **122** 11
**Freiwillige Feuerwehr,** Gemeindedienst **124** 35
**Freizeichnung** **120** 60, **123** 25; Binnenschiffahrt **125** 83
**Fremdes Recht,** Seefrachtrecht **122** 69
**Friedensklausel,** Zwangstarifvertrag **123** 45
**Friedensmiete,** Begriff **124** 47
**Fristablauf,** Aufwertungsverfahren **120** 61
**Fristhemmung,** Armenrecht **120** 1, 32; Beschwerde **126** 76; Prozeßkosten **130** 73; Scheidungsklage **128** 5
**Fristsetzung,** Rücktritt **123** 88
**Fristunterbrechung,** Konkurseröffnung **122** 11; Tumultschaden **122** 70
**Fristversäumung,** Revisionsbegründung **121** 3; Wiedereinsetzung **127** 53
**Fürsorge,** Personenfürsorgerecht **129** 5
**Fürsorgeerziehung,** vorbeugende **124** 55; weitere Beschwerde **124** 57

## G.

**Garantie,** Kauf **128** 33
**Garantieversprechen** **120** 12
**Gebrauchsmuster,** Begriff **120** 52; Erfindungsgedanke **128** 32; neue Gestaltung **128** 32; Raumform **130** 2
**Gebühr,** Feuerschutzkosten **123** 77; Landmesser **124** 50
**Gebührenberechnung,** Anwaltshaftung **130** 23
**Geburtsregister,** Legitimation **123** 63

**Gefahrerheblicher Umstand,** Anzeigepflicht bei Seeversicherung **123** 4
**Gefälligkeitsakzept** **120** 48
**Gegenseitigkeit,** Ehescheidung in Rußland **121** 8
**Gehaltsansprüche,** Aufwertung **125** 19; Geistliche **127** 57
**Gehaltsforderung,** Aufrechnung **124** 34
**Gehilfe,** Motorradrennen **127** 59; Provinzialverband **128** 24
**Geisteskrankheit,** Begriff **130** 14; Eheanfechtungsgrund **125** 33; Nichtigkeitsklage **120** 39
**Geistesschwäche,** Begriff **130** 14
**Geistliche,** Gehaltsansprüche **127** 57
**Geldentwertung,** Enteignungsentschädigung **122** 23; Grabunterhaltungspflicht **120** 54; Treu und Glauben **122** 42; verspätete Banküberweisung **130** 5
**Gemeindebeamte,** Dienstvertrag **125** 82; freiwillige Feuerwehr **124** 35
**Gemeindehaftung,** Amtspflichtverletzung **120** 36; Mieteinigungsamt **126** 23
**Gemeindevorsteher,** preuß. Landgemeinde **121** 22
**Gemeingebrauch,** öffentliche Straße **123** 46, 47, **125** 23
**Gemeinschaft** zur gesamten Hand, Grundbuchglaube **129** 23
**Genehmigung, behördliche,** Grundstückskauf s. Grundstückskauf; Holzkauf **120** 37; Kommissionsvertrag **130** 20; Rückwirkung **125** 11
**Genehmigung, vormundschaftsgerichtliche,** Grundstücksverkauf **130** 33
**Genossenschaft,** Anteilsaufwertung **125** 71; Auflösung **122** 55; Auseinandersetzung **122** 6, **128** 15; Ausschluß **128** 15, **129** 10; Beteiligungsverhältnis **125** 71; Geschäftsanteil **125** 40; Haftsummenaufwertung **123** 61; Nichtigkeit von Generalversammlungsbeschlüssen **125** 29; Pflichtbeteiligung **124** 39; Satzungsvorschrift **125** 30; Schriftform der Satzung **125** 30; Staffeltarif **128** 3; Stimmrecht **129** 10; Umstellung **121** 57, **125** 29; s. a. Baugenossenschaft
**Genossenschaftsbeschluß,** Nichtigkeit **121** 57
**Gericht,** Bindung **124** 57; Geschäftsverteilung **126** 22
**Gerichtsbesetzung, vorschriftswidrige** **121** 3, 20, 48; **124** 33, **126** 52, **127** 19, **130** 34
**Gerichtskosten,** Konkurs **124** 65
**Gerichtsstand,** Reichsbahnbeamte **129** 35; Reichswehr **126** 2
**Gesamthypothek** an Grundstücksbruchteilen **123** 18; Wirkung **122** 71
**Gesamtladung,** Seeversicherung **130** 66
**Gesangsvortrag,** Urheberschutz **128** 17
**Geschäftsanteil,** Abtretung **124** 68, **127** 13, **130** 7
**Geschäftsaufsichtskosten,** Masse-

kosten **124** 65; Zwangsvollstreckung **123** 17
**Geschäftsaufsichtsverfahren,** Anfechtung **127** 11; Aufrechnung **124** 64; Pfändung während desselben **122** 18; Zwangsvergleich **127** 71
**Geschäftsbesorgung,** Wirkung **126** 17
**Geschäftsführung** ohne Auftrag **126** 61, **130** 67
**Geschäftsgrundlage,** offene Handelsgesellschaft **122** 32
**Geschäftsherr,** Haftung **129** 12
**Geschäftsräume,** Mietrecht **121** 76, **124** 2
**Geschäftsschluß mit sich selbst** s. Selbstkontrahieren
**Geschäftsunfähigkeit** **120** 39
**Geschäftsverteilung,** Gericht **126** 22
**Geschlechtskrankheitengesetz** **129** 29
**Geschmacksmuster,** Begriff **124** 16; neues Erzeugnis **121** 91
**Gesellschaft,** Aufwendungen **126** 41; Auseinandersetzung **123** 7; Ausgleichspflicht **122** 32; Bürgschaft **126** 61; Ersatzkredit **126** 61; gute Sitten **123** 26; Lizenzvertrag **126** 14; Rückbürgschaft **126** 61; Umwertung **126** 41
**Gesellschaftsvertrag,** unrichtige Beurkundung **127** 35
**G. m. b. H.,** Aufrechnungsverbot **123** 3; Ausschließung **127** 43; Beitrittsanfechtung **123** 26; Beurkundung von Beschlüssen **122** 77; Familiengesellschaft **130** 72; Firmenzusatz **127** 15; Geschäftsanteilseinziehung **125** 24; Geschäftsanteilserwerb **124** 36, 68; Geschäftsanteilsübertragung **121** 68, **127** 13, teilweise **130** 7; Gläubigerschutz **123** 26; Grundbucheintragung **130** 72; Grundstückserwerb **126** 9; Gründungsgeschäft **122** 37; Kaduzierung **125** 78; Kapitalerhöhung **122** 35; Kündigung von Nebenleistungen **128** 1; Minderheitsrecht **122** 35; Sacheinlagen **125** 63; Stammeinlagenaufwertung **124** 52; Stempel bei Verschmelzung **129** 61; Stimmrecht **122** 35; Vermögensverteilung **124** 44; Vorvertrag **122** 37, **130** 15
**Gesetze,** Rückwirkung **120** 82
**Gesetzesänderung,** Patentrecht **125** 12
**Gesetzesauslegung,** Anleiheablösungsgesetz **127** 10; Aufwertungsgesetz **120** 77, **127** 1, **129** 11; Aufwertungsnovelle **120** 79; Fristhemmung **130** 73; Mietrecht **124** 47; Gesetz über die privaten Versicherungsunternehmen **127** 67; Schuldübernahme **121** 74; Urheberrecht **122** 14, **128** 17; Verjährungsbegriff **130** 18; Vermögensübernahme **130** 6; preuß. Volksschullehrerpensionsgesetz **129** 8; ZPO. **123** 49
**Gesetzeskonkurrenz,** Disziplinarrecht und Strafgesetzbuch **120** 76
**Gesetzesumgehung,** Beamtenruhegehaltsgesetz **123** 51

**Gesetzlicher Vertreter**, Zustimmung zu Verträgen **130** 29
**Gewährfrist**, Viehkauf **123** 52
**Gewährleistung**, Grundstücksgesellschaft **122** 80
**Gewerbesteuerprivileg** s. Privileg
**Gewerblicher Rechtsschutz** **120** 21
**Gewerkschaftsverband**, Zahlstelle **121** 68
**Gewinn, übermäßiger** **120** 30
**Gewinnanteil**, Aufwertung **129** 27
**Gewinnanteilsauszahlung**, Kommanditgesellschaft **120** 31
**Gewohnheitsrecht**, Urheberrecht **128** 17
**Gläubigerschutz**, G. m. b. H. **123** 26
**Gleitpreise**, Aufwertung **124** 18
**Goldklausel**, Umdeutung **121** 26
**Goldmarkumrechnung**, Aufwertung von Konkursforderungen **124** 1
**Goldmünzklausel**, Saargebiet **124** 62
**Grabunterhaltung** **120** 54
**Grund, wichtiger**, Vereinsaustritt **130** 78
**Grundbuch**, öffentlicher Glaube **121** 11, **123** 6, 12, 20, 22, **126** 9, 10, 42, **128** 7, 45, 46, **129** 23, 25, **130** 13, 72, 82; Rangvorbehalt **130** 13
**Grundbuchberichtigung** **121** 89
**Grunddienstbarkeit**, Bergschaden **130** 74
**Gründerhaftung**, A.-G. **127** 35
**Grundkreditanstalt**, Provinzialhilfskasse **129** 39
**Grundschuld**, Abtretung **126** 42; Aufwertung **126** 42; Verwirkung **124** 21; Zwangsversteigerung **125** 69 s. a. Eigentümergrundschuld
**Grundschuldbrief**, Zurückbehaltungsrecht **124** 8
**Grundstücksaktien**, Aufwertung **126** 3
**Grundstücksbruchteile**, Gesamthypothek **123** 18
**Grundstückseinbringung**, Aktiengesellschaft **121** 24
**Grundstückserzeugnisse**, Veräußerung **130** 20
**Grundstückskauf**, Ausgleichungsanspruch **120** 65; behördl. Genehmigung **121** 38, 85, 88, **123** 73, **125** 11, **126** 25, 30, **129** 11, 30, **130** 87; Konkurs **127** 23; Nichtigkeit **129** 60; Schuldübernahme **129** 7
**Grundstückszubehör**, Maschinen **125** 69
**Gründungsgeschäft**, G. m. b. H. **122** 37
**Grundurteil**, Aufrechnung **123** 2; Rechtskraft **124** 28
**Grundwasserentziehung**, Entschädigung **130** 41
**Gutachten**, Urheberrecht **121** 84
**Guter Glaube**, Aufwertung **122** 26; unl. Wettbewerb **127** 61; Urheberrecht **124** 16
**Gute Sitten**, Abzahlungsgeschäft **128** 2; Bestechung **130** 31; G. m. b. H.-Gründung **123** 26; Knebelungsvertrag **128** 1; Kredittäuschung **127** 64; Monopolstellung **128** 16; Rabattgewährung **120** 11; russisches Ehescheidungsrecht

121 8; Sperre durch ärztlichen Standesverein **130** 19; Sperreandrohung **120** 11
**Güterrecht, eheliches,** Bestandsverzeichnis **126** 24; Grundstückserwerb **126** 26; Sondergut **125** 67
**Güterstand, gesetzlicher,** Verfügungsrecht des Ehemanns **124** 58
**Gutsüberlassungsvertrag;** Aufwertung **121** 71, **123** 13, **128** 31; Versicherungsrecht **125** 39; s. a. Amtspflichtverletzung, Staatshaftung

## H.

**Hafenpolizei,** Staatshaftung **125** 4
**Haftpflichtversicherung,** Vertragsklausel typische **124** 49
**Haftsumme,** Genossenschaft m. b. H. **123** 61
**Haftung,** Angestellte **123** 53, **127** 39; Apotheker **125** 72; Bank **126** 10; aus Bescheinigung **126** 81; Eisenbahnunfall **124** 43; Hafenpolizei **125** 4; juristische Person **123** 53; Kommunalverband **126** 23; Schlepperführer **122** 62; Reichspost **126** 6; Städt. Sparkasse **127** 41; Veranstalter von Rennen **127** 59; Vorstand der A.-G. **129** 53; fremdes Verschulden **122** 62; s. a. Amtspflichtverletzung, Schadenersatz
**Haftung, außervertragliche,** Eisenbahnfrachtrecht **120** 70
**Haftungsausschluß,** Feuerversicherung **122** 64; Jagdunfall **128** 4; Kraftfahrzeugunfall **128** 37
**Haftungsgrenze,** Eisenbahnunfall **124** 38
**Haftungsübertragung,** Betriebsunfall **126** 51
**Haldenbrand,** Schadenersatz **127** 8
**Hamburgische Staatsrente,** Anleihenablösung **129** 63
**Handelsagent,** Provision **121** 30; Treu u. Glauben **129** 17
**Handelsgebrauch,** Befreiung von Untersuchungspflicht **125** 15
**Handelsgeschäft,** Übergang **130** 9
**Handelsgesellschaft,** Erweiterung **128** 27
**Handelskauf,** Handelsgebrauch **125** 15
**Handelsmakler,** Fobklausel **123** 25
**Handelsregister,** öffentlicher Glaube **125** 45
**Härteklausel,** Aufwertung **121** 78, **123** 42, **125** 66
**Hauptverkehrsweg** **125** 41
**Hauptverpflichtung,** Erteilung eines Nummernverzeichnisses bei Depot **121** 12
**Heeresbeamte,** Besoldungsdienstalter **122** 1
**Heilanstalt,** Enteignung durch Geschlechtskrankheitengesetz **129** 29
**Heilung,** nichtiger Erbschaftskauf **129** 24
**Heimfallrecht,** Zwangsverstaatlichung von Eisenbahnen **125** 44

**Helgoland,** Spirituosenzoll **130** 63
**Hemmung,** Frist bei Scheidungsklagen **128** 5; Verjährung **128** 33
**Herausgabe,** Kind **122** 5
**Hilflosigkeit,** Begriff **122** 10
**Hilfskraft,** Haftung für **126** 55
**Hinterbliebenenrente,** Reichsbahn **126** 35
**Hinterlegung,** Wirkung **121** 18, **123** 68, **124** 64
**Höchstbetragshypothek,** Abtretung **125** 28; Wirkung **126** 59; Aufwertung s. Aufwertung.
**Hoheitsrecht,** Reichsbanknoteneinlösung **125** 55; Reichspost **126** 6, **130** 85
**Höheres Interesse,** Duldung von Eingriffen **122** 28
**Holzkauf,** behördliche Genehmigung **120** 37
**Hypothek,** Aufwertung s. Aufwertung; Rangvorbehalt **124** 42; Verwirkung **124** 21
**Hypothekablösung 126** 19; Aufwertung **127** 65, **128** 50
**Hypothekabtretung,** Aufwertung **121** 61, **122** 79, **123** 76
**Hypothekaufwertung,** Rangvorbehalt **125** 6; s. a. Aufwertung
**Hypothekbestellung,** Wertminderung des Grundstücks **121** 79
**Hypothekenbank,** Aufwertung **123** 75
**Hypothekeneintragung,** nicht rechtsfähiger Verein **127** 58
**Hypothekenfreiheit,** Gewährleistung **126** 3
**Hypothekentilgung 123** 75

## I.

**Identität,** Patentrecht **130** 35
**Immission,** Bergschaden **130** 74
**Industriebelastung 123** 29, **127** 27
**Inseratenauftrag,** Auskunftspflicht **126** 28
**Instanz,** Begriff **120** 43
**Interessen, berechtigte,** Unterlassungsklage **124** 51
**Internationales Privatrecht 120** 16, **126** 43, 75
**Internationales Übereinkommen,** Eisenbahnfracht **120** 60, **127** 54
**Intertemporäres Recht,** s. zwischenstaatliches Recht
**Interventionswirkung 123** 24
**Inventarpflicht,** Erben **129** 49
**Inzidentfeststellungswiderklage,** Rechtskraft **126** 49
**Irrtum 120** 14, **122** 42, **123** 23, 56, 58, **124** 24, 26, **126** 51, **129** 67

## J./j.

**Jagdleiter,** Pflichten **128** 4
**Jagdpachtvertrag,** Nichtigkeit, teilweise **121** 21; Stempelpflicht **123** 39, **128** 25
**Jugendwettkämpfe,** Aufsichtspflicht **121** 58
**Juristische Person,** Haftung für Angestellte **123** 53

## K.

**Kaduzierung,** G. m. b. H. **125** 78
**Kaiempfangsschein 123** 72
**Kalisyndikat,** Pachtvertrag **130** 61; Stempelabgabe **130** 61
**Kapitalabfindung,** Kriegsbeschädigte **130** 44; Vergleich **126** 62
**Kapitalserhöhung,** A.-G. **124** 54; G. m. b. H. **122** 35
**Kartell,** Knebelungsvertrag **128** 1; Kündigung **125** 24, **128** 1; Nebenleistungsgesellschaft **125** 24, **128** 1; Sperre **125** 32
**Kartellverordnung 122** 56
**Kassenärztlicher Vertrag,** Rechtsweg **124** 9
**Kastellanpacht 125** 42
**Kauf,** Schadenberechnung **127** 45; Unterschied von Vermögensübernahme **124** 66
**Kaufangebot,** Stempelpflicht **124** 61
**Kaufgeldrest,** Aufwertung **121** 42, **127** 47
**Kaufmannsgericht, rheinisches 127** 62
**Kaufvertrag,** behördl. Genehmigung **120** 37; s. a. Genehmigung; Kaliwerk **130** 61; Stempelpflicht **126** 79
**Kirche und Schule 127** 46
**Kirchenbeamte,** Staatsleistungen **129** 16
**Kirchenpatronat,** Rechte **129** 15
**Kirchenrecht, evangelisches,** Pfarrbaulast **125** 37
**Klagänderung 120** 45, **126** 52, **129** 12
**Klagantrag,** gerichtliche Fragepflicht **130** 58; Vollständigkeit **130** 58
**Klageberichtigung 130** 53
**Klageerweiterung 129** 58
**Klagegrund 126** 52
**Klagegründe,** Häufung **129** 62
**Kleinbahn,** Konkurrenzbahn **126** 21
**Knebelvertrag,** Kartell **130** 1; Kündigung **128** 1; Miete **130** 32
**Kommanditgesellschaft,** Auflösung **122** 68; auf Aktien **129** 52; Auseinandersetzung **127** 28; Firmenrecht **123** 84; Gesellschaftervorrechte **120** 31
**Kommanditist,** Haftung **128** 27
**Kommissionsgeschäft,** Aufrechnung **121** 44; Beweislast **126** 15; Erfüllungsgehilfe **126** 15; Genehmigungspflicht **130** 20; Handelsbrauch **125** 15
**Kommittent,** Verkaufskommission **124** 26
**Kommunalkreditanstalt,** Anleiheablösung **129** 68
**Kommunalverband,** Haftung **126** 23
**Konkurrenzbahn 126** 21
**Konkurs,** Absonderung **125** 56, **126** 65; Aktiengesellschaft **120** 67, 81; Anfechtung **120** 45, **124** 13, **127** 11, **129** 13, 71; Aufrechnung **121** 86, **124** 4; doppelter **129** 71; Eigentumsvermutung **120** 24; Forderungsanmeldung **121** 51; Geschäftsaufsichtskosten **124** 64, 65; Masseschuld **122** 15; Mietvorauszahlung **127** 23

**Konkursverfahren,** Aufhebung **128** 10
**Konkursverwalter,** Rechte **120** 45, **121** 25
**Konkursvorrecht,** Gehaltsansprüche von Vorstandsmitgliedern einer A.-G. **120** 67; Steuern **126** 53; Treuhandgesellschaft **130** 70
**Konnossement** **122** 69, **123** 72
**Konsortialverhältnis,** Gesellschaftsrecht **126** 61
**Konsulargerichtsbarkeit,** Ägypten **125** 60
**Kontokorrent,** Aufwertung **121** 51, **123** 87; Wirkung **125** 80
**Konversion,** Erbschaftskauf und Erbschaftsauseinandersetzung **129** 24
**Körperschaft, öffentliche,** Begriff **127** 10
**Kostbarkeit,** Felle **120** 70
**Kostenerstattung,** Provinzialverband **130** 59; Rechtsweg **130** 59
**Kostenvorschußpflicht,** Haftpflichtversicherung **124** 49
**Korrespondentreeder,** Auskunftspflicht **126** 8; Vertretungsmacht **123** 27
**Kraftfahrzeughalter,** Begriff **127** 33
**Kraftfahrzeugunfall,** Absteigen **126** 71; Ausgleichspflicht **130** 30; Begriff des Betriebs **122** 58; Feststellungsklage **127** 34; Forderungsübergang **124** 25; Mitverschulden **130** 30, 37; Rentenfestsetzung **123** 10; Schadenersatz **120** 35, **122** 58, **123** 41, **124** 25, **125** 20, 41, **128** 24, 37, **129** 12, 26; Staatshaftung **125** 20
**Kraftwagenverkehr,** Warnungstafeln **121** 95
**Kredittäuschung,** Sittenwidrigkeit **127** 64
**Kreisausschuß,** Vollmacht **123** 81
**Kreistag,** Vollmacht **123** 81
**Kriegsbeschädigte,** Kapitalabfindung **130** 44
**Kriegseinwirkung,** Leistungsunmöglichkeit **120** 78
**Kulturbehörde,** Zuständigkeit **123** 8
**Kündigung,** Betriebsratsmitglieder **126** 11; Dienstvertrag **122** 7; Kartell **125** 24, **128** 1; Miete **130** 9; Mittelschullehrer **128** 36; Pachtvertrag **121** 5; Staatsdienstanwärter **121** 83; Versicherungsvertrag **124** 59
**Kündigungsbeamte,** Anstellungsbedingungen **127** 63
**Kündigungsschutz,** Schwerbeschädigte **124** 6, **130** 62
**Kündigungsvorbehalt,** Beamtenanstellung **120** 14
**Kunstschutzgesetz,** Bildzitat **130** 43
**Kunstwerk,** Musterschutz **124** 16
**Küsterlehrerpfründe** **127** 46
**Kurtaxe,** Rechtsweg **121** 63
**Kurschein,** Beweisurkunde **121** 12

## L.

**Ladeschein** **122** 48
**Landbürgermeister,** Ruhegehalt **128** 8

**Landeswahlrecht 122** 67
**Landgemeinde, preußische,** Beamtenanstellung **121** 22
**Landmesser,** Gebühren **124** 50
**Landrat,** Haftung für öffentlich-rechtliche Maßnahmen **130** 21; Staatshaftung **129** 64
**Laufende Rechnung,** Aufwertung **125** 19
**Laufende Versicherung 123** 40
**Läuterungsurteil 120** 20
**Lebensversicherung,** Anfechtung **130** 46, 60; Aufwertung **127** 67, **129** 27; erhebliche Erkrankung **130** 11; Gewinnanteil **129** 27; Pfändung **127** 48; Rückversicherung **129** 1; Schenkung **128** 29
**Lebensversicherung, ausländische,** Aufwertung **127** 5
**Legitimation,** Geburtsregister **123** 63
**Leihvertrag,** Kraftfahrzeug **127** 33
**Leistungsablehnung,** Feuerversicherung **122** 8
**Leistungsannahme 123** 20
**Leistungsunmöglichkeit 120** 66, 78; unverschuldete **123** 90
**Leistungsverweigerungsrecht,** Sukzessivlieferungsvertrag **120** 46
**Lichterführung,** Seerecht **125** 13
**Lichtreklame,** öffentliche Straße **123** 46
**Liedersammlung,** Urheberrecht **122** 14, **128** 17
**Lieferungsvertrag 129** 28; Abnahmepflicht **125** 47
**Liquidation,** Genossenschaft **121** 57; stille **126** 72
**Liquidationsgesellschaft 129** 20
**Lizenz,** Teilerfüllung **126** 14; Vertragsauslegung **124** 56
**Löschungsbewilligung,** Vorbehalt **123** 15
**Löschungsvormerkung,** Höchstbetragshypothek **125** 28; Zwangsversteigerung **127** 52

## M.

**Mahnverfahren,** Prozeßstillstand **129** 66
**Maklergebühr 122** 49
**Mängelhaftung,** Viehkauf **123** 36, 52
**Mängelheilung,** Grundstücksübereignungsvertrag **125** 52
**Mängelrüge 130** 79
**Maschine,** Zubehör **130** 58
**Massekosten,** Geschäftsaufsichtsverfahren **124** 65
**Masseschuld,** Konkurs **122** 15
**Mehrheitsbeschluß,** G. m. b. H. **123** 27
**Mehrstimmrecht,** A.-G. **122** 22
**Meistbietender,** Haftung **125** 21
**Miete,** gesetzliche **120** 6; Kündigung **121** 5; Kündigung des Erben **130** 9; Unterschied von Pacht **122** 60, **125** 26; Vorauszahlung **127** 23
**Mieteinigungsamt,** Verfahren **126** 23
**Mieter,** Haftung für grobe Fahrlässigkeit **122** 64
**Mieterschutz 122** 12, **124** 2, 47
**Mietrecht 121** 52, 76
**Mietvertrag,** Form **123** 44; langfristiger **130** 32

**Mietwucher 120** 30
**Mietzins,** Aufwertung **125** 2, **126** 67
**Militärische Übung,** Sorgfaltspflicht **126** 32
**Militärpersonen,** Gerichtsstand **126** 2
**Minderheitsrechte,** G. m. b. H. **122** 35
**Minderjährige,** Fürsorgeerziehung **124** 55; Zustimmung zu Verträgen **130** 29
**Mindestgebot,** Zwangsversteigerung **129** 6
**Minister, württembergische,** Ruhegehalt **120** 82
**Ministerialzulage 127** 9
**Mißbrauch,** behördlicher **128** 23; Gemeingebrauch **125** 23
**Mißheirat,** Privatfürstenrecht **124** 27
**Miterben,** Auflassung **125** 27; Auseinandersetzung **126** 48; Einwilligung **129** 56
**Mitteilungspflicht,** Schuldübernahme **121** 28, 74
**Mittelbarer Besitz 121** 12
**Mittelschullehrer,** Dienstverhältnis **128** 36
**Mitverschulden,** Bergwerksbetrieb **127** 8; Ehescheidung **127** 70; Jagdunfall **128** 4; Kraftfahrzeugunfall **122** 58, **127** 33, **128** 24, **129** 26, **130** 37; Notar **130** 1; Operationsverweigerung **129** 73; Reichspostthaftung **126** 6; Rechtsanwalt **129** 21; Schleppfirma **120** 28; Sparkassenhaftung **122** 75; unerl. Handlung **121** 28, 74, 94; Versicherungsgesellschaft **125** 39
**Monopolstellung,** gute Sitten **128** 16
**Motorradrennen,** Unfallhaftung **127** 59
**Mündelgeld,** Anlegung **128** 49
**Musterschutz,** Geschmacksmuster **121** 91

## N.

**Nachbarrecht 122** 28
**Nachbildung,** Musterschutz **120** 21
**Nachdruck,** Rundfunkmeldungen **128** 52
**Nachfristsetzung 120** 46
**Nachgründung** s. A.-G.
**Nachnahme,** Eisenbahnfrachtverkehr **124** 22
**Nachprüfung, gerichtliche,** Auflassung **121** 88; Voraussetzungen der Annahme an Kindes Statt **121** 27
**Nachweisfrist,** Prozeßgebührenzahlung **120** 44, **130** 73; Hemmung durch Beschwerde **126** 76
**Nebenamt,** Begriff **127** 62
**Nebenintervention,** ausdrückliche Erklärung **124** 31
**Nebenleistungsgesellschaft, Kartell 125** 24, **128** 1
**Neues Erzeugnis,** Musterschutz **121** 91
**Neugestaltung,** Gebrauchsmuster **128** 32
**Neutrale Ausstattung,** Begriff **130** 79
**Nichterfüllung,** Schadenersatz **128** 13
**Nichtigkeit,** Generalversammlungsbeschlüsse **120** 7, 81, **122** 35, **123** 49, 50; Ge-

nossenschaftsbeschluß **121** 57, **125** 29; Genossenschaftssatzung **125** 30; Grundstückskauf **129** 30, 60; Heilung **124** 8, **125** 2; Jagdpachtvertrag **121** 21; Pachtvertrag **122** 29; Patent **125** 12; Rechtsgeschäft **129** 24; Rentengutsvertrag **123** 8; Schankpachtvertrag **125** 42; Sicherungsübereignung **127** 64; Testament **129** 56; Urteil **121** 48

**Nichtigkeitsklage,** Geisteskrankheit **120** 39; Patentrecht **123** 28, **130** 35

**Nießbrauch,** Vorpachtrecht **125** 25

**Notar,** Adoptionsvertrag **121** 9; Amtspflichtverletzung **129** 6, **130** 1, 86; Aufklärungspflicht **122** 17; Prüfungspflicht **124** 14

**Notarielle Beurkundung,** Prüfung **124** 14

**Novation** s. Umschaffung

**Nummernverzeichnis,** Depot **121** 12

**Nutzungen,** Verwendung **129** 60

**O.**

**Oberschlesien,** Aufwertung **120** 62, **123** 31

**Obdachlose,** polizeiliche Unterbringung **120** 51

**Offenbarungseid,** Eidesnorm **125** 51; Erben **129** 49

**Offene Handelsgesellschaft,** Ausgleichspflicht **122** 32; Auflösung **123** 38; Beteiligung **122** 82; Ehefrau als Teilhaberin **127** 22; Feststellungsklage auf Zugehörigkeit **122** 78; Geschäftsgrundlage **122** 32; Gesellschafterhaftung **125** 81; Passivlegitimation **127** 18; Scheingeschäft **125** 45; Schenkungsversprechen **125** 73; Sachbefugnis **126** 77; stiller Gesellschafter **122** 82; Streitgenossenschaft, notwendige **123** 38; **129** 38; Vollbeendigung **124** 32

**Öffentliche Gewalt,** Amtspflichtverletzung **121** 58

**Öffentlicher Glaube,** Grundbuch **121** 11, **123** 6, 12, 20, 22, **125** 11, 62, **126** 9, 20, 42, **128** 7, 45, 46, **129** 23, 25, **130** 13, 72, 82; Handelsregister **125** 45, **127** 30

**Öffentliches Interesse,** Zwangslizenz **130** 76

**Öffentliche Mittel,** Pension **125** 1; Reichskreditaktiengesellschaft **128** 28; Rentenbank **125** 5; Vergütung aus **122** 65

**Öffentliches Recht,** Anfechtung von Verwaltungshandlungen **124** 40; Außenhandelsstelle **130** 38; Beschlagnahmeablösung **127** 50; Kirchenvermögen **127** 46

**Öffentliche Straße,** Gemeingebrauch **123** 46, 47, **125** 23

**Öffentlichkeit,** Ausschluß **128** 34

**Öffentlichrechtliche Maßnahmen,** Schadenersatzpflicht **130** 21

**Offizier,** Staatshaftung **120** 68
**Offiziersruhegehalt** **125** 1
**Operation,** Mitverschulden **129** 73
**Operettenführer,** Urheberrecht **129** 51
**Optionsrecht** **130** 32

**P.**

**Pacht,** Erfindung **122** 15; Kastellanvertrag **125** 42; Kündigung **121** 5; Unterschied von Miete **122** 60, **125** 26; Preistreiberei **122** 39; Stempelpflicht **130** 61; Teilnichtigkeit **122** 29; Teilversteigerung **124** 41; Vermögenssteuererstattung **122** 73; Vorpachtrecht **123** 64
**Pachtinventar,** Aufwertung **120** 2, 3
**Pachtzins,** Aufwertung **120** 2, 3
**Papiermarkbilanz,** Auseinandersetzung **127** 28
**Parteiwille,** mutmaßlicher **126** 43
**Parteizuständigkeit,** Rechtsnachfolge **122** 34
**Passivlegitimation,** Volksschullehrer **129** 8
**Patent,** abhängiges **126** 29; Benutzung **123** 62; Identität **130** 35; Lizenz **126** 14; Miterbenrecht **125** 36; mittelbare Benutzung **122** 53; Neuheit **126** 13; Nichtigkeitsklage **123** 28, **125** 12, **130** 35; offenkundige Vorbenutzung **122** 53; Priorität **123** 28; rechtswidrige Entnahme **130** 35; Vorbenutzungsrecht **123** 14, 62; Veröffentlichung **126** 13; Weiterbenutzung **125** 36; Werkstattzeichnung **124** 67; Zwangslizenzerteilung für deutsches Patent in amerikanischem Besitz **121** 77
**Patentschutz,** Warenzeichen **130** 54
**Patentstreitverfahren,** Formvorschrift **126** 55; Sicherungsleistung **127** 36
**Patentverkauf,** Verzug **126** 60
**Patentverlängerung,** Schutzfrist **124** 56
**Patentverletzung** **120** 59, **121** 66, **125** 76, **130** 26, 35
**Patentverwertung** **121** 59
**Patronatsrecht** **129** 15
**Pensionierung,** s. Ruhestandsversetzung
**Personalabbau** **121** 6
**Personenbeförderungsvertrag,** Reichsbahnhaftung **126** 31; Reichsposthaftung **126** 31; Seerecht **124** 11
**Personenstand,** Legitimation **123** 63
**Persönlichkeitsfeststellung,** Notar **124** 14
**Pfandanzeige,** Form **126** 73
**Pfandauswechslung,** Aufwertung **127** 1
**Pfandbriefaufwertung** **127** 10
**Pfandbriefdarlehen,** Aufwertung **127** 16
**Pfandindossament** **120** 48
**Pfandrecht,** Bankbedingungen **126** 74; Frachtführer **122** 48
**Pfändung,** Lebensversicherung **127** 48; Pfandanzeige **126** 73; Übereignung **126** 5;

verfrühte **125** 56; vorläufige Eigentümergrundschuld **120** 25
**Pfarrer,** Ansprüche gegen Landeskirche **127** 57
**Pfarrmatrikel,** evangelisches Kirchenrecht **125** 37
**Pfleger,** Entschädigung **127** 21
**Pflichtbeteiligung,** Genossenschaft **128** 3
**Pflichtfeuerwehr,** Haftung **122** 66
**Pflichtteilsberechnung,** Lebensversicherungsprämien **128** 29
**Pflichtteilsberechtigter,** Rechte **129** 49
**Polizei** s. a. Schutzpolizei
**Polizeianordnung,** Auflage an Siedler **129** 3
**Polizeibeamte,** Staatshaftung **125** 20
**Polizeilicher Eingriff,** Pflichtfeuerwehr **122** 66
**Popularklage** **120** 84
**Post,** Beweislast **126** 31; s. a. Reichspost
**Postbeamte,** Amtspflichtverletzung **130** 85; s. a. Reichspost
**Postscheckverkehr** **130** 85
**Preistreiberei,** Pachtvertrag **122** 39
**prima facie Beweis** **120** 58, **124** 11, **127** 7; s. a. Beweis des ersten Anscheins
**Priorität,** Patentrecht **123** 28
**Privatbahn,** Rechtsweg **128** 20
**Privatfürstenrecht** **124** 27
**Privatgüterwagen,** Eisenbahnfrachtverkehr **127** 54
**Privileg,** Abdeckerei **129** 64; Eisenbahngesellschaft **130** 68; Entschädigung **130** 68; Entziehung **130** 68
**Prokura,** Stempelpflicht **122** 30
**Prokuraerteilung,** vormundschaftliche Genehmigung **127** 30
**Protokoll,** falsches **129** 9
**Provinzialverband,** Kostenerstattung **130** 59
**Provinzschuldverschreibung,** Aufwertung **129** 39
**Prozeßbevollmächtigter,** Rechte **120** 44
**Prozeßermächtigung** **129** 31
**Prozeßgebühr,** Armenrecht **125** 22, **126** 76; Einzahlung **122** 9; Konsulargerichtsbarkeit **125** 60; Zahlungsfrist **120** 44
**Prozeßkosten,** Entscheidung über **121** 19, **127** 12; Erstattung **130** 47; Nachweisfrist **120** 44 **130** 73
**Prozeßrichter,** Haftung **129** 9
**Prozeßrüge,** Begründung **126** 52
**Prozeßstillstand** **129** 66
**Prozeßunfähigkeit,** Zustellung **121** 16
**Prozeßvergleich** **123** 21
**Prüfungsrecht, richterliches,** s. richterliches Prüfungsrecht
**Prüfungsstelle, ärztliche,** Rechtsweg **124** 9

## Q.

**Quittung,** löschungsfähige **123** 6, 20, **126** 42; Stempelpflicht **124** 70

## R.

**Rabattgewährung,** gute Sitten **120** 11

**Rangstelle,** Wiedereintragung gelöschter Hypotheken **120** 4
**Rangverhältnis,** Aufwertung **121** 31
**Rangvorbehalt,** Aufwertung **124** 42, **125** 6, **130** 13; Eigentümergrundschuld **130** 80
**Raumform,** Gebr.muster **130** 2
**Raumwucher** **122** 39
**Reallast,** Bergzehnten **129** 10
**Reallastablösung,** Aufwertung **129** 43
**Rechentabelle,** Urheberrecht **121** 84
**Rechnungslegung,** Offenbarungseid **125** 51; Zwangslizenz **127** 44
**Rechtliches Gehör,** Amtspflichtverletzung **121** 55; genossenschaftliches Ausschlußverfahren **129** 10; schiedsrichterliches Verfahren **123** 80
**Rechtsabtretung,** A.-G. **123** 90; Patent **121** 59
**Rechtsanwalt,** Haftung **129** 21; Haftung für Gebührenberechnung **130** 23; Haftung für Personal **120** 55; Mitverschulden **129** 21; Sorgfaltspflicht **124** 24
**Rechtsanwaltsgebühr,** Darlehensvermittelung **121** 49; Mieteinigungsverfahren **126** 23
**Rechtsform,** Wechsel der **130** 82
**Rechtsgeschäft,** nichtiges **129** 24; Umdeutung **121** 24
**Rechtsgrund,** Unterschied vom Beweggrund **121** 35
**Rechtsirrtum** **130** 5 s. a. Irrtum
**Rechtskraft,** Abänderungsklage **126** 50; Feststellungsklage **127** 34; Grundurteil **124** 28; Inzidentfeststellungswiderklage **126** 49; Patentverletzung **121** 66; Schadenersatz **126** 85; Teilurteil **120** 71, **122** 34; Urteil **124** 32; Versäumnisurteil **121** 35; veränderte Verkehrsauffassung **125** 31; Verwaltungsstreitverfahren **122** 20; Wirkung **123** 24; Wirkung gegen Bürgen **122** 31; Wirkung bei Enteignung **123** 11; Wirkung auf Streitverkündung **130** 65
**Rechtskrafteinrede** **123** 82
**Rechtskrafturteil,** Aufwertung **123** 16
**Rechtsmittel,** Ehescheidungsverfahren **123** 32, 74; Gleichheit der Rechtsfrage **130** 25; telegraphische Einlegung **130** 25; Voraussetzung **130** 22
**Rechtsmittelfrist,** Versäumung **121** 16
**Rechtsmittelzurücknahme** **120** 55, **123** 21
**Rechtsnachfolge,** Aufwertung **129** 54; Außenhandelsstelle **130** 38; Grundbuch **121** 89; während des Rechtsstreits **122** 34, **123** 20; Reichsbahn **126** 34; Tarifrecht **124** 29; Verwendungen **129** 40
**Rechtsschutz,** Anzeigeverbot **124** 51; gewerblicher **120** 21
**Rechtsstreit,** Erledigung **130** 83; Stillstand **128** 30
**Rechtsunkenntnis** **125** 39

**Rechtsvorgang,** Stempelgebühr **122** 25
**Rechtsweg,** Abgabenrückforderung **130** 69; Ämterbesetzung **128** 23; ärztliche Prüfungsstelle **124** 9; Aufwertung **121** 80, **126** 43; Aufwertung von Rentenbriefen **129** 57; behördliche Willkür **130** 63; Eisenbahnbetrieb **125** 77; Enteignung **123** 11, **130** 40; Enteignungsentschädigung **121** 4, **127** 17; Entschädigung für Privilegentziehung **130** 68; Kontokorrentaufwertung **121** 51; Kostenerstattung **130** 59; Kriegsansprüche **127** 68; Kündigung von Lehrern **128** 36; Kurtaxe **121** 63; Mieteinigungsverfahren **126** 23; öffentliche Abgaben **129** 19; Personalabbau **126** 36; Pfandbriefaufwertung **127** 16; Privatbahn **128** 20; Ruhegehalt **123** 48; Straßenrecht **123** 47; Steuerverfahren **127** 64; Unfallversicherung **128** 23; Verkehrsrecht **125** 23; Versailler Vertrag **123** 31; Verwaltungszwangsverfahren **125** 57; Wasserrecht **122** 41; Zwangsverstaatlichung **125** 44
**Rechtswidrige Entnahme,** Patentrecht **130** 35
**Reederei,** Mehrheitsbeschlüsse **123** 27
**Reedereihaftung** **126** 7
**Regreß,** Wechselfälschung **126** 46
**Reichsaufsicht,** ausländ. Versicherungen **127** 67
**Reichsaufsichtsamt für Privatversicherung,** Befugnisse **129** 1
**Reichsbahn,** Hinterbliebenenrente **128** 35; Rechtsnachfolge **126** 34; Tarifzwang **130** 16; Unfallhaftung **126** 31; Vertreter **121** 90
**Reichsbahnbeamte,** Gerichtsstand **129** 35; Wartegeld **129** 18
**Reichsbanknoten,** Aufwertung **125** 55
**Reichsbeamte,** Ruhegehalt **123** 51; Wartegeld **121** 36
**Reichsgericht,** Entlastung **124** 31
**Reichsmark,** Wertschuld **130** 77
**Reichspost,** Haftung **126** 6; Sonderfahrt **127** 3
**Reichsrecht und Landesrecht** **120** 82
**Reichssiedlungsgesetz,** Jagdpachtstempel **128** 25
**Reichswehr,** Dienstentlassung **129** 58; Gerichtsstand **126** 2
**Reisetüchtigkeit,** Seeschiffahrt **120** 9, 10
**Religionsgemeinschaft,** Steuerrecht **125** 37
**Remittent,** Wechsel **130** 17
**Rentenaufwertung** **129** 57, 62
**Rentenfestsetzung** **123** 10
**Rentengut,** Aufwertung **121** 47
**Rentengutsvertrag,** Genehmigung **129** 69
**Rentengutsverfahren,** Rezeßanfechtung **123** 8; Vertragsnichtigkeit wegen Formmangels **123** 8; Zuständigkeit der Landeskulturbehörden **123** 8
**Rentenrecht,** Sperrgesetz **128** 26

**Rentensperrgesetz,** Schiedsgericht **126** 35
**Reparationshypothek 124** 24
**Restitutionsklage,** Begründung **123** 69; Vollstreckungsbefehl **130** 81
**Revisibles Recht,** Enteignungsgesetz **127** 17
**Revisionsbegründung,** Erfordernisse **123** 9; Frist **121** 3
**Revisionssumme 124** 39, **126** 6, **129** 69, **130** 85, 86
**Rezeßanfechtung,** Rentengutsverfahren **123** 8
**Rheinische Gewerbe- und Kaufmannsgerichte 127** 62
**Richterlicher Eid,** Beweiswürdigung **128** 47
**Richterliches Prüfungsrecht,** Beamtenbezüge **124** 45; Reichssiedlungsgesetz **128** 25; Verfassungsmäßigkeit von Gesetzen **125** 55; Zwangstarifvertrag **123** 45
**Risiko,** Seeversicherung **123** 35, 72
**Rückbeziehung,** Verjährungsunterbrechung **129** 66
**Rückbürgschaft,** Veränderung d. Hauptschuld **126** 61
**Rückentschädigung,** Rückversicherung **125** 46
**Rückforderung,** unger. Bereicherung **120** 63
**Rückgewähr,** Sachgesamtheit **123** 88
**Rückgriff,** Amtspflichtverletzung **126** 78; Berufsgenossenschaft **128** 51
**Rückstau,** Wasserrecht **122** 41
**Rücktritt,** Änderung der wirtschaftlichen Verhältnisse **130** 28; Anfechtung **128** 18; Fristsetzung **123** 88; Vertragsverletzung **123** 59; Verzug **121** 32, **126** 14
**Rückversicherung 129** 1
**Rückwirkung,** Anmeldung **120** 50; Aufwertungsgesetz **121** 33, **123** 22, **128** 7; Aufwertungsnovelle **120** 79; Branntweinmonopolgesetz **128** 53; Ministerpensionsgesetz **120** 82; Telegraphenwegegesetz **123** 91
**Rügeverzicht 123** 33
**Ruhegehalt,** Altruhestandsbeamte **121** 15; Angestellte **125** 38; Anrechnung auf Unfallschadenersatz **130** 56; Kürzung **125** 5; Oberzollinspektoren **121** 53; öffentliche Mittel **125** 1; Reichsbeamte **123** 51; rheinische Landbürgermeister **128** 8; Volksschullehrer **123** 48; württembergische Minister **120** 82; s. a. Beamte
**Ruhestandsversetzung,** Behördenumbildung **124** 20, 34; städtische Beamte **128** 9
**Ruhestandsversorgung,** Reichsbeamte **122** 24
**Rundfunk,** Urheberrecht **121** 17, **123** 71
**Rundfunkmitteilung,** Nachdruck **128** 52
**Russische Ehescheidung 121** 8

## S.

**Saargebiet,** Aufwertung **124** 62
**Sachgesamtheit,** Rückgabe **123** 88

**Sachverständige,** Schweigepflicht **123** 65
**Sachverständigenbeweis 130** 5
**Saldoforderung,** Abtretung **125** 79
**Sammlung,** Urheberschutz **128** 17
**Satzung,** Genossenschaft **125** 30
**Satzungsänderung,** Aktiengesellschaft **120** 41, **125** 67
**Schadenersatz,** Abtretung **123** 86; Agenturvertrag **121** 45; Amtspflichtverletzung **120** 15, 36, 51, **121** 27, 43, 55, 58, **124** 35, **125** 4, 17, 20, 59, **126** 23, 36, 78, **127** 30, 38, **128** 39, **129** 6, 9, **130** 69, 85, 86; s. a. Amtspflichtverletzung; Anrechnung **130** 56; außervertraglicher **120** 58; Berufsfeuerwehr **129** 59; Binnenschiffahrt **127** 14; einstweilige Verfügung **121** 46; Eisenbahnunfall **129** 73; Einzahlungsverzögerung bei Genossenschaftsanteilen **125** 40; Enteignung **129** 29; Haldenbrand **127** 8; Kommissionsgeschäft **125** 15; Konkurrenzbahn **126** 21; Kraftfahrzeugunfall **120** 35, **122** 58, **123** 41, **124** 25, **125** 20, 41, **127** 33, **128** 24, 37, **129** 12, 26; Mitverschulden **122** 75; Nichterfüllung **127** 45, **128** 13; Patent s. Patent; positive Vertragsverletzung **123** 7, 59; Rechtsanwaltshaftung **129** 21; Rechtskraft **126** 85; Reichsbank **125** 55; Rentengutsvertrag **129** 69; Schiffsunfall **125** 13; Schleppvertrag **120** 28, **122** 62; Seeversicherung **120** 9; Tierschaden **129** 12; Übergang **123** 10; Verjährung **123** 86; Vermischung **130** 67; Versagung der Bauerlaubnis **126** 77; Verwaltungszwangsverfahren **125** 57; Wasserrecht **122** 28; s. a. Haftung, Mitverschulden
**Schadenfeststellung,** Binnenschiffahrt **125** 83; Patentverfahren **130** 26
**Schadenversicherung,** Beweispflicht **127** 7
**Schankpachtvertrag,** Kastellanvertrag **125** 42
**Schätzung,** Begriff **122** 30
**Schätzungsverfahren,** Feuerversicherung **130** 24
**Scheidung** s. Ehescheidung
**Scheingeschäft 125** 45
**Schenkung,** Anfechtung wegen Geisteskrankheit **130** 14; Anfechtung im Konkurs **124** 13; Lebensversicherung zugunsten Dritter **128** 29
**Schenkungsversprechen,** Anstandspflicht **125** 73
**Schiedsgericht,** Obmann **121** 46; Rentensperrgesetz **126** 35
**Schiedsgerichtshof,** Versailler Vertrag **121** 45
**Schiedsgerichtsverfahren,** Kartellvertrag **128** 1; rechtliches Gehör **123** 80
**Schiedsrichter** als Zeuge **129** 4; Pflichten **126** 82
**Schiedsspruch,** Auslegung **129** 4; bedingter **121** 64
**Schiedsvereinbarung,** Aufrechnung **123** 78

**Schiffer,** Sorgepflicht **121** 69, **126** 7, 70
**Schiffsbesatzung,** Begriff **126** 7
**Schiffsunfall,** Lichterführung **125** 13; Staatshaftung für Zwangslotsen **126** 18
**Schiffszusammenstoß,** Haftung des Schlepperführers **122** 62; Staatshaftung für Hafenanlagen **120** 58
**Schikane,** behördliche Maßnahmen **125** 23
**Schleppvertrag,** Haftung **120** 28, **122** 62; Vertragsauslegung **126** 69
**Schmucksachen,** Versicherung **121** 39
**Schöpfung, eigentümliche,** Urheberrecht **129** 51
**Schriftform,** Bürgschaft **126** 26; Genossenschaftssatzung **125** 30; Kartellvertrag **128** 1; Versicherungsrecht **125** 14
**Schriftwerk,** Benützung im Rundfunk **121** 17
**Schulaufsicht,** Mittelschullehrer **128** 36
**Schuldbefreiung,** Aufwertung **120** 64, **121** 70
**Schuldbuch,** Aufwertung **121** 81
**Schuldenhaftung,** Vermögensübernahme **130** 6
**Schuldscheindarlehen,** Anleiheablösung **120** 19, **123** 79; Aufwertung **125** 43, **127** 32
**Schuldübergang,** Geschäftserwerb **129** 38
**Schuldübernahme,** Anrechnung auf Kaufpreis **121** 10; Aufwertung **128** 11; während des Aufwertungsverfahrens **120** 34; Ausgleichung **130** 27; Genehmigung **121** 74; Gesetzesauslegung **121** 74; Grundstückskauf **129** 7; Mitteilungspflicht **121** 28; Zwangsversteigerungsverfahren **125** 21
**Schuldverschreibung,** Aufwertung **124** 66
**Schuldverschreibungssteuer** **125** 9
**Schuldvertrag,** Stempelabgabe **122** 61
**Schülerunfallversicherung** **128** 22
**Schulunterhaltungspflicht** **129** 50
**Schutzgesetz,** Arzneimittelverordnung **128** 48; Bauordnung **127** 4; Darlehenskassengesetz **129** 22; Hessisches Landesrecht **124** 24; § 823 Abs. 2 BGB. **128** 4
**Schutzpolizeibeamte,** Versorgungsansprüche **124** 37
**Schutzverband,** Tonsetzer **123** 70
**Schutzvorrichtungen,** Seerecht **124** 11
**Schwarzkauf** **120** 26, **129** 11; s. a. Genehmigung behördliche
**Schweigepflicht,** Sachverständige **123** 65
**Schweizer Goldhypothek,** Fälligkeit **130** 48
**Schwerbeschädigte,** Dauer des Dienstverhältnisses **130** 62; Kündigungsschutz **124** 6, **130** 62
**Seefrachtrecht,** Anwendung fremden Rechts **122** 69
**Seerecht,** erster Anscheinbeweis **124** 11, s. a. prima facie

Beweis; Personenbeförderung **124** 11; Schutzvorrichtungen **124** 11; Sorgepflicht des Schiffers **121** 69
**Seetüchtigkeit** **120** 9, 10
**Seeversicherung,** Ausgleich **130** 8; Bemannung, gehörige **122** 50; Deklarationspflicht **123** 4; Doppelversicherung **130** 8; Freizeichnung **120** 10; Gefahrstandsänderung **123** 72; Gesamtladung **130** 66; Kaiempfangsschein **123** 72; laufende Versicherung **123** 40; Risikounteilbarkeit **123** 35; Seetüchtigkeit **120** 9, 10; Teilschaden **121** 93; Versicherungsrisiko **123** 5; zwischenstaatliches Recht **130** 8
**Seezeichen,** Staatshaftung **128** 54
**Selbsthilfeverkauf** **129** 28
**Selbstkontrahieren** **122** 35
**Sicherheit,** Armenanwalt **126** 39; Aufwertung **121** 40
**Sicherheitshypothek,** Begriff **122** 71; Eintragungsverwechslung **123** 43
**Sicherheitsleistung,** Eheliches Güterrecht **126** 24; Patentstreit **127** 36; richterliche Anordnung **123** 49
**Sicherstellung,** Stempelabgabe **127** 25
**Sicherung von Rechten,** Stempelabgabe **130** 51
**Sicherungsübereignung,** Knebelungsvertrag **130** 1; Konkursanfechtung **129** 13; Stempelabgabe **127** 6; Wirkung **124** 17
**Siedlung,** Genehmigung **129** 3
**Siedlungsunternehmen,** Vorkaufsrecht **120** 33
**Sitten, gute,** s. gute Sitten
**Sittliche Verpflichtung,** Schenkung **125** 73
**Sitzungsprotokoll,** Beweiskraft **129** 9
**Sofortige Beschwerde,** s. Beschwerde
**Sonderfahrt,** Reichspost **127** 3
**Sondergut,** allgem. Gütergemeinschaft **125** 67
**Sorgfalt,** außervertragliche **120** 28; Beweislast bei Versicherungsfall **121** 39; militärische Übung **126** 32; Patentanwalt **126** 55; Rechtsanwalt **124** 24; Schiffahrt **126** 70; s. a. Amtspflichtverletzung, Haftung
**Sparbuch,** Hinterlegung **124** 46
**Sparkasse, städtische,** Kommunalhaftung **127** 41; Wechselverpflichtung **122** 38, 75
**Sperre,** gute Sitten **130** 19; Kartell **125** 32; Standesverein, ärztlicher **130** 19
**Sperreandrohung,** gute Sitten **120** 11
**Sperrgesetz,** Rentenrecht **128** 26
**Spezialität,** Auflassungsvormerkung **128** 41
**Spezialvollmacht,** Stempelsteuer **120** 13
**Staatenlosigkeit,** Eheverfahren **127** 37
**Staatsangehörigkeit,** Elsaß-Lothringer **120** 47
**Staatshaftung,** Beamte **128** 39; Hafenpolizei **125** 4; Polizeibeamte **125** 20; Reichswehroffiziere **120** 68; Schul-

aufsichtspersonal **125** 17; Seezeichen **128** 54; Straßensicherheit **121** 95; Zwangslotse **126** 18; s. a. Amtspflichtverletzung, Haftung
**Staatshoheitsakt** **120** 168
**Staatsrente,** Anleihe **129** 63
**Staatsvertrag,** Übergang von Wasserstraßen **125** 4
**Staffeltarif,** Genossenschaft **128** 3
**Stammeinlage,** Aufwertung **124** 52
**Stationsvorstand,** Aufsichtspflicht **121** 90
**Stauereiarbeiter,** Reedereihaftung **126** 7
**Stellenanwärter,** Kündigung **121** 83
**Stellvertretung** **126** 25, **130** 21; Ehegatte **126** 26; Gerichtsvorsitz **130** 34; verdeckte **130** 82; Wechselrecht **129** 65
**Stempelabgabe,** Annahme an Kindes Statt **129** 47; Abstimmungsvollmacht **122** 19; Abtretung von Rechten **130** 53; allgemeine Geschäftsbedingungen **122** 16; Auflassung **129** 2; Auflassungsvollmacht **127** 24; Bankvollmacht **125** 18; Bestellschein **126** 79; Gesellschaftsverschmelzung **129** 61; Grundschuldabtretung **124** 30; Jagdpachtvertrag **123** 39, **128** 25; Kaufangebot **124** 61; Löschungsvormerkung **130** 51; Pachtvertrag **130** 61; Prokura **122** 30; Quittung **124** 70; Rechtsvorgang **122** 25; Schuldverschreibung **122** 61; Sicherheit, urkundliche **127** 42; Sicherstellung **127** 25; Sicherungsabtretung **125** 65; Sicherungsübereignung **127** 6; Spezialvollmacht **120** 13; Vereinigung **122** 40; Verkaufsbeurkundung **128** 6; Vollmacht **125** 74, **128** 38; Vollmachtsanzeige **124** 70
**Stempelrückforderung,** Zinsberechnung **130** 53, 61
**Steuerbescheinigung,** Grundstückserwerb **126** 25
**Steuersachen,** Rechtsweg **127** 64
**Steuerschuld,** Übernahme **123** 56
**Steuervorschrift,** ungültige **130** 69
**Stiefkinder,** Eherecht **124** 12
**Stiftung,** Änderung **121** 41
**Stiftungsbeschluß,** Rechtsweg **128** 23
**Stille Gesellschaft** **122** 15, 42, 81, **130** 1; Einlagenaufwertung **126** 84
**Stille Vertretung,** Aufwertung **127** 65
**Stillstand,** Rechtsstreit **128** 30, **129** 66
**Stimmrecht,** G. m. b. H. **122** 35
**Stoffvertauschung** **121** 91
**Straße, öffentliche,** Eigentumsrecht **123** 46; Gemeingebrauch **123** 46, 47, **125** 23
**Straßenunfall,** Haftung **128** 24
**Straßenverkehr,** Warnungstafel **121** 95
**Streitgenossenschaft, notwendige,** o. H.-G. **123** 38, **129** 38
**Streitverkündung,** Rechtskraftwirkung **130** 65; Wirkung des Vorprozeßurteils **123** 24

**Streitwert,** negative Feststellungsklage **126** 4
**Streupflicht 121** 90
**Sühneversuch 128** 30
**Sukzessivlieferungsvertrag 120** 46, **129** 46
**Syndikat,** Auflösung **129** 17

**T.**

**Tankstelle,** Straßengemeingebrauch **123** 47
**Tarifauslegung,** Eisenbahnfrachtverkehr **127** 54
**Tarifberechnung,** Eisenbahnfracht **120** 22
**Tarifvertrag,** Friedensklausel **123** 45; Rechtsnachfolge **124** 29
**Tarifzwang,** Reichsbahn **130** 16
**Teilanspruch,** Rechtskraft **120** 71
**Teilausfüllung,** Wechselblankett **129** 65
**Teilentscheidung,** Abweisung von Rechtsmitteln **122** 11
**Teilerfüllung,** Lizenzvertrag **126** 14
**Teilnichtigkeit,** Vorkaufsrecht **122** 29
**Teilschaden,** Seeversicherung **121** 93
**Teilungsmasse,** Pfandbriefaufwertung **127** 10
**Teilurteil,** Wirkung **122** 34, **129** 19
**Teilversteigerung,** Einwirkung auf Pachtverträge **124** 41
**Tektonische Senkung,** Bergschaden **130** 36
**Telegraphenwegegesetz,** elektrische Anlagen **123** 91
**Terminsbekanntgabe 120** 33
**Testament,** Anfechtung **130** 45; Nichtigkeit **129** 56; wechselseitiges **130** 45
**Testamentsauslegung,** Aufwertung **126** 17
**Testamentsvollstrecker,** Aufwertungsanmeldung **121** 92; Bestechung **130** 31; Vollmacht **130** 31
**Theater,** Feuerschutzkosten **123** 77
**Tierhalterhaftung 129** 12
**Tilgungsplan,** Schuldscheindarlehen **127** 32
**Transportversicherung 130** 66
**Treibjagd,** Pflichten des Leiters **128** 4
**Treu und Glauben 120** 2, 64, 65, **121** 6, 14, 35, **122** 6, 7, 42, 54, 74, 75, 80, **124** 25, 48, **125** 10, 58, 61, **126** 21, 51, 69, 74, **127** 44, **129** 10, 11, 17, 19, 42, 51, 69, 73, 74, **130** 21, 55
**Treuhandgesellschaft,** Konkursvorrecht **130** 70
**Treuhandverhältnis,** Aufwertung **122** 51; Bank **121** 72; Begriff **127** 65; G. m. b. H. **121** 68; Metallarbeiterverband **121** 68; Versicherungsgesellschaft **121** 1, **130** 42
**Treurabatt 122** 56
**Tumultschäden,** Verjährung **122** 70
**Typischer Geschehensablauf,** Begriff **130** 75
**Typische Urkunde,** Stempelsteuer **122** 16
**Typischer Vertrag,** Liefervertrag **125** 47

## U.

**Übereignung,** Erbteil **129** 24; Pfändung **126** 5
**Übereignungsanspruch,** Baugenossenschaft **126** 45
**Übersetzung,** Urheberrecht **130** 4
**Überwachungspflicht,** Angestellte **128** 24
**Umbildung,** Reichsbehörde **124** 20, 34
**Umschaffung** **126** 48
**Umschreibung,** Grundstück **126** 25
**Umstationierung,** Eisenbahnfrachtrecht **120** 60, **127** 54
**Umstellung,** A.-G. **122** 74; Genossenschaft **121** 57, **125** 29
**Umwandlung,** Aktiengesellschaft in Kommanditgesellschaft auf Aktien **129** 52
**Umwertung,** Aktien **122** 74; Enteignungsentschädigung **127** 47; Gesellschaft **126** 41; Wertschuld **130** 12
**Undeutlichkeit,** Anschrift **125** 14
**Unerlaubte Handlung,** Apothekerhaftung **125** 72; Arglist **126** 40, 50, **130** 64; Berufung auf unrichtiges Urteil **126** 50; Haftungsausschluß, stillschweigender **128** 37; Herausgabepflicht des Spediteurs **121** 46; Inflation **125** 55; Kartellsperre **125** 32; Kraftfahrzeugunfall **120** 35, **122** 58, **130** 30, 37; Nachdruck, verbotener **128** 52; Rundfunkparodie **121** 17; Reichsposthaftung für Elektrizitätsschaden **126** 6; Reichsposthaftung für Unfall **126** 31; Schadenersatz **121** 94; Schiffsunfall **125** 13; Schweigepflicht des Sachverständigen **123** 65; Sperre durch ärztl. Standesverein **130** 19; Staatshaftung für Straßensicherheit **121** 95; Steuer, ungültige **130** 69; Treibjagd **128** 4; Untreue **125** 80; Vorstand der A.-G. **129** 53 s. a. Schadenersatz
**Unfall,** Pflichtfeuerwehr **122** 66
**Unfallfolgen,** Rentenbemessung **129** 62
**Unfallfürsorge,** Beamte **122** 10
**Unfallverhütung** **128** 51
**Unfallversicherung,** Faltbootunfall **125** 3; Forderungsübergang **124** 25; Schüler **128** 22; Vertragsauslegung **120** 5
**Ungerechtfertigte Bereicherung** s. Bereicherung
**Unlauterer Wettbewerb,** Guter Glaube **127** 61; Landmesser **124** 50; Nachbildung **120** 21; Rabattgewährung **120** 11; Rundfunk **128** 52; Schülerunfallversicherung **128** 22; Täuschung über Beschaffenheit **128** 14; Verkehrsauffassung, veränderte **125** 31; Warenzeichen **120** 73
**Unteilbarkeit,** Risiko **123** 35
**Unterbrechung,** Verjährung **128** 30
**Unterbringung,** Beamte **127** 29
**Unterhaltspflicht,** Ehescheidung **129** 5
**Unterhaltsverzicht,** Ehefrau **126** 68

**Unterlassungsklage,** Arzneimittelfeilhaltung **128** 48; berechtigte Interessen **124** 51; Patentverletzung s. Patentverletzung; Urheberrecht **128** 47
**Unternehmerhaftung,** Werkvertrag **127** 40
**Untersagungsrecht, behördliches** Straßengebrauch **125** 23
**Unterschriftstempel,** Versicherungsvertrag **125** 14
**Untersuchungspflicht,** Handelskauf **125** 15
**Unterversicherung** **127** 56
**Unterzahlmeister,** Beamteneigenschaft **122** 1
**Unterzeichnung,** Berufungsschrift **126** 55
**Unwürdiges Verhalten,** Dienstentlassung **129** 58
**Unzuständigkeit, örtliche,** Ehesachen **130** 10
**Urheberrecht,** Benutzung, freie **121** 84; Buchtitel **123** 30; Gesangsvorträge **128** 17; Gesetzesauslegung **128** 17; Gewohnheitsrecht **128** 17; Kunstwerk **124** 16; Liederbuch **128** 17; Liedersammlung **122** 14; Operettenführer **129** 51; Rechentabelle **121** 84; Rundfunk **121** 17, **123** 71, **128** 52; Übersetzung **130** 4; ungerechtfertigte Bereicherung **121** 60; Unterlassungsantrag **123** 70; Verwertungserlaubnis **128** 47; Werbeanzeigen **127** 39; zeitgeschichtliche Persönlichkeiten **125** 16
**Urkundsbeamte,** Haftung **129** 9
**Urteil,** vorläufig vollstreckbares **121** 45
**Urteilsausfertigung,** verspätete Erteilung **121** 21
**Urteilsberichtigung** **122** 72
**Urteilszustellung,** Ehesachen **122** 46, **123** 74; nicht verkündetes Urteil **120** 55; Revisionsfristbeginn **124** 19
**Usance** s. Handelsgebrauch

**V.**

**Valutaschuld,** Aufwertung **120** 17
**Valutaspekulation** **125** 2
**Veräußerer,** Grundbuchberichtigung **121** 89
**Verbindung,** bewegliche Sache mit Grundstück **130** 67
**Verein,** Ausschließung **122** 57; Austritt **122** 57, **130** 78; Klage auf Zwangslizenz **130** 76; als Hypothekengläubiger **127** 58; Zahlstelle eines gewerkschaftlichen Verbandes **121** 68
**Verein, nicht rechtsfähiger,** Hypothekeneintragung **127** 58
**Vereinbarung,** Aufwertung **120** 69
**Vereinbarung, sittenwidrige,** Ehescheidung **126** 68
**Vereinigung,** Stempelsteuer **122** 40
**Vereinsstrafen,** Zulässigkeit **125** 64
**Verfahrensaussetzung,** Aufwertungsstelle **120** 18; Beschlußzustellung **130** 71
**Verfahrensmangel,** Rügeverzicht **123** 33

**Verfahrensrüge,** Revisionsbegründung **121** 3
**Verfallklausel,** Wirkung **121** 13 **130** 49
**Verfügungsbeschränkung,** Wirkung **130** 44
**Vergiftung,** Unfallversicherung **120** 5
**Vergleich,** Anspruchsverwirkung **126** 62; Aufwertungssachen **121** 87, **122** 42, 45, 51, 52, **123** 55, 76, **127** 26, 55, **129** 44, **130** 42; Enteignung **127** 17, **130** 12; Formvorschrift **120** 26; materiellrechtlicher Vertrag **129** 9; Zwangsvollstreckung **128** 14
**Vergleichsbürgschaft 122** 76
**Vergleichsverfahren 129** 46
**Vergütung,** öffentliche Mittel **122** 65, **128** 28; Pfleger **127** 21; unangemessene **120** 30; Werkvertrag **126** 52
**Verhinderung, dauernde,** Gerichtsvorsitz **127** 19; s. a. Gerichtsbesetzung
**Verjährung,** Ansprüche aus schuldhaft mangelhafter Lieferung **129** 55; Aufwertung **120** 80, **130** 18, 52; Hemmung **126** 12, **128** 33; Mängelrüge **130** 79; Schadenersatzansprüche **123** 86, **127** 14; Scheidungsklage **128** 5; Tumultschäden **122** 70; Unfallforderung **124** 25, **126** 62; Unterbrechung **128** 13, 30, **129** 66, 70; Wandelung **128** 33
**Verkauf,** mit Rückvermietung **121** 35
**Verkaufskommission,** Irrtumsanfechtung **124** 26
**Verkehrsanschauung,** gerichtsbekannte **130** 54
**Verkehrsauffassung,** Änderung **125** 31
**Verkehrshypothek,** Begriff **122** 71; Eintragungsverwechslung **123** 43
**Verkehrsmittel,** Faltboot **125** 3
**Verkehrsunfall 120** 35
**Verlagsvertrag,** Abänderungsrecht **125** 34; Rundfunk **123** 71
**Verletzungsverfahren,** Patentrecht **130** 35
**Verlustersparnis,** Patentverletzung **130** 26
**Vermächtnis,** unter Auflage **120** 54
**Vermächtnisnehmer,** Nachlaßgläubiger **129** 49
**Vermögensanteil,** Aufwertung **123** 87
**Vermögensauseinandersetzung,** Kirche und Schule **127** 46
**Vermögenssteuer,** Ausgleichspflicht **122** 73; Fälligkeit **126** 53
**Vermögensübereignung,** Kredittäuschung **127** 64
**Vermögensübernahme,** Gutsüberlassungsvertrag **123** 13; Unterschied vom Kauf **124** 66; Schuldenhaftung **130** 6
**Vermögensverhältnisse,** Einfluß bei Aufwertung **123** 85
**Verpflichtungsübernahme,** Stadtgemeinde **121** 6
**Versailler Vertrag,** Aufwertung für Ausländer **121** 80; Aufwertung, oberschlesische **120** 62

123 31; Ausgleichsverfahren 124 5; Enteignungsentschädigung 121 4; Zuständigkeit des Schiedsgerichtshofs 121 45
**Versäumnisverfahren** 127 38
**Verschmelzung,** A.-G. 124 54, 128 43; Stempelpflicht 129 61
**Verschulden** beim Vertragsschluß 120 29, 129 55
**Versetzung,** Beamte 122 3, 127 9
**Versicherung,** Anzeigepflicht 127 69; ausländische 127 67; in Auslandswährung 120 16; Rücktritt 128 18; Schmucksachen 121 39; Veräußerungsanzeige 125 39; s. a. Feuer-, Haftpflicht-, Leben-, See-, Unfallversicherung
**Versicherungsansprüche,** Aufwertung 122 8, 45, 126 47
**Versicherungsdirektor,** Erfüllungsgehilfe 120 42
**Versicherungsentschädigung,** Verwirkung 124 21
**Versicherungsrisiko,** Seeversicherung 123 5
**Versicherungsunternehmen,** Aufwertung 121 1, 2, 130 42
**Versicherungsvertrag,** Ausgleichsverfahren 124 5
**Versorgungsansprüche,** Aufwertung 124 27
**Versorgungsanwärter,** Kündigung 121 83
**Verteilungsverfahren,** Berücksichtigung von Arrestpfandrechten 121 82
**Vertrag,** Umdeutung 121 26; zugunsten Dritter 127 40
**Vertragsabschluß,** Handelsmakler 123 25
**Vertragsangebot,** Annahme 129 21
**Vertragsauslegung,** bindendes Angebot 121 14; Feuerversicherungsbedingungen 124 59; Formularklausel 124 3; Gesellschaftsvertrag der A.-G. 127 35; Gesellschaftsvertrag der Kommanditgesellschaft 127 28; Jagdpachtvertrag 123 39; Patentvertrag 124 56; Rentengutsvertrag 121 47; Schleppvertrag 126 69; Schuldübernahme 121 10; Schweizer Goldhypothek 130 48; Verkauf mit Rückvermietung 121 35; Versicherungsvertrag 120 5, 124 63; Werkvertrag 127 4
**Vertragsklausel,** typische 124 49, 59; Versicherungsvertrag 124 63
**Vertragsschluß,** Stempelsteuer 122 16; Verschulden 120 56
**Vertragsstrafe,** Kartellverordnung 122 56
**Vertragsverletzung,** Rücktritt 123 59; Schadenersatz 123 7, 59
**Vertreter, verfassungsmäßiger** 120 68
**Vertreterhaftung** 120 56
**Vertretung,** A.-G. 123 67; ohne Vertretungsmacht 120 29, 122 49; stille 127 65
**Vertretung, gesetzmäßige,** Ehescheidungsverfahren 126 56; Gerichtsvorsitz 126 52

**Vertretungsmacht,** Korrespondentreeder **123** 27; Sparkassenvorstand **122** 38
**Verursachung,** Begriff **121** 94
**Verwaltungsentscheid,** richterliches Nachprüfungsrecht **121** 55
**Verwaltungshandlungen,** Anfechtung **124** 40
**Verwaltungsstreitverfahren,** Bindung des Gerichts **122** 20
**Verwaltungszwangsverfahren** **121** 25; Rechtsweg **125** 57
**Verwechslungsfähigkeit,** Warenzeichen **124** 23
**Verweisung,** Aufgebotsverfahren **121** 7; Aufwertungsverfahren **122** 21;
**Verwendungen,** Ersatz **129** 60; Rechtsnachfolge **129** 40
**Verwertungserlaubnis,** Urheberrecht **128** 47
**Verwirkung,** Aufwertungsanspruch **122** 6, **126** 67, **129** 74; Schuldanerkenntnis **126** 41; unl. Wettbewerb **127** 61; Vergleich **126** 62; Versicherungsansprüche **127** 69
**Verzeihung,** Ehebruch **123** 58
**Verzicht,** Aufwertung **120** 53, **122** 21; auf Kündigungsschutz **124** 6
**Verzinsung,** Aufwertung **121** 33, 37; aufgewertete Hypothek **128** 56; Beamtenbezüge **124** 45
**Verzögerung,** Irrtumsanfechtung **124** 26
**Verzug,** Aufwertung **121** 13, 32, 51, 87, **122** 6, 8, **126** 14, 60; bankmäßige Geldüberweisung **130** 5; Eheverfahren **130** 10; Lieferungsvertrag **129** 28; Sukzessivlieferungsvertrag **120** 46; Viehkauf **123** 52
**Verzugszinsen,** Treu und Glauben **124** 32
**Verzugszuschlag,** Vermögenssteuer **126** 53
**Viehkauf,** Gewährfrist **123** 52; Mängelhaftung **123** 36, 52; Verzug **123** 52
**Völkerrecht,** Aufwertungsrecht **121** 50
**Volksschullehrer,** Ruhegehalt **123** 48; Privileg **129** 8
**Vollmacht,** Kreisausschuß **123** 81; Kreistag **123** 81; richterliche Prüfungspflicht **129** 9; Sparkasse, städtische **127** 41; Stempelpflicht **125** 74, **128** 38; Testamentsvollstrecker **130** 31
**Vollmachtsanzeige,** Stempelpflicht **124** 70
**Vollstreckung,** Steuerrecht **124** 17
**Vollstreckungsbefehl,** Restitutionsklage **130** 81
**Vollstreckungsgegenklage** **122** 76, **124** 1
**Vollstreckungsgericht, gemeinsames** **125** 59
**Vollstreckungsklausel** **129** 33
**Vollstreckungsrichter,** Haftung **125** 7, 59, **128** 39
**Vorauszahlung,** Miete **127** 23
**Vorbehalt,** Aufwertung **122** 33; Beamtenrecht **125** 58; Löschungsbewilligung **123** 15; Zollpflicht **121** 43
**Vorbehaltsgut,** eheliches Güterrecht **127** 22

**Vorbenutzung,** Patentrecht **122** 53, **123** 14, 62; Warenzeichen **120** 73
**Vorerbe,** unentgeltliche Verfügung **125** 49
**Vorfahrtsrecht,** Hauptverkehrsweg **125** 41
**Vorkaufsrecht,** dingliches **121** 34, **125** 51; Teilnichtigkeit **122** 29; Verzicht **120** 33
**Vorläufige Vollstreckbarkeit** **130** 50
**Vorlegung,** Abtretungsurkunde **126** 40
**Vormerkung,** Aufwertung **124** 42; Löschung **129** 37; Widerspruch **121** 11; Wiedereintragung gelöschter Hypotheken **120** 4; Wiederkaufsrecht **125** 49
**Vormund,** Genehmigung **130** 29
**Vormundschaftsgerichtliche Genehmigung,** Annahme an Kindes Statt **121** 9, 27; Grundstücksverkauf **130** 33; Prokuraerteilung **127** 30; Vergleich **122** 78
**Vormundschaftsrichter,** Haftung **121** 27
**Vorpachtrecht** **123** 64, **125** 25
**Vorprozeß,** Ehescheidung **126** 57
**Vorprozeßurteil** **129** 62
**Vorrangeinräumung,** Wirkung **122** 13
**Vorsatz,** bedingter **129** 53
**Vorschuß,** Armenanwalt **126** 63
**Vorschußrechnung,** Genossenschaft **122** 55
**Vorsitz,** Gericht **121** 3, 20, 48, **126** 22, 52, **127** 19, **130** 34; s. a. Gerichtsbesetzung
**Vorvertrag,** Formvorschrift **124** 19; G. m. b. H. **130** 15; Schuldscheindarlehen **127** 32
**Vorzugsaktien** **122** 22, **125** 68

## W.

**Wahlkauf** **129** 28
**Währungsklausel,** Schuldverschreibung auf ausländische Valuta **126** 43
**Währungsverfall** **120** 16, 17
**Wandelung** **126** 66; Verjährung **128** 33
**Ware,** Schnittholz **130** 18
**Warenausstattung, neutrale** **130** 79
**Warenzeichen,** Ankündigung **124** 53; ausländisches **129** 70; gleichartige Waren **122** 43; Patentschutz **130** 54; Popularklage **120** 84; Verwechslungsfähigkeit **124** 23; Vorbenutzung **120** 73
**Warnungstafel,** Straßenverkehr **121** 95
**Wartegeld,** Begriff **121** 36; Kürzung **128** 28; Reichsbeamte **129** 18
**Wassergenossenschaft,** Anleiheablösungsgesetz **124** 10
**Wasserrecht,** Entschädigungspflicht **122** 28; Entschädigung für Grundwasserentziehung **130** 41; Rechtsweg **122** 41; Rückstau **122** 41
**Wasserstraßen,** Staatshaftung für Hafenpolizei **125** 4
**Wechsel,** Blankopapier **130** 17; Durchstreichung **129** 32; Remittent **130** 17; Umwandlung **130** 17

**Wechselbegebung** zur Diskontierung **126** 74
**Wechselblankett**, Ausfüllung **129** 65
**Wechselfälschung**, Regreß **126** 46
**Wechselmäßige Schuldverpflichtung** **120** 48
**Wechselprotest**, Berichtigung **126** 1
**Wechselprozeß**, Verjährung **129** 66
**Wechselseitiges Testament** s. Testament
**Wechselverpflichtung**, Sparkasse **122** 38, 75
**Weg, öffentlicher** **121** 90
**Wegeanlage**, Reichsbahnverwaltung **125** 77
**Weingutsbesitzer**, Kaufmann **130** 52
**Weinkommissär**, Kaufmann **130** 52
**Weinverkauf**, eigenes Wachstum **130** 52
**Weiterbenutzung**, Patent **125** 36
**Weitere Beschwerde**, fortgesetzte Gütergemeinschaft **125** 67; Fürsorgeerziehung **124** 57; Zuständigkeit des Reichsgerichts **122** 59
**Werbeanzeigen**, Urheberrecht **127** 39
**Werkstattzeichnung**, Patent **124** 67
**Werkvertrag**, Auslegung **127** 4; Unternehmerhaftung **127** 40; Vergütung **126** 52
**Werteinlage**, Aufwertung **126** 84
**Werteinsatz**, Gesellschaftsanteilseinziehung **125** 24; Valutaschuld **120** 17
**Wertpapiersteuer** **122** 25
**Wertschuld** **130** 77; Umwertung **130** 12
**Widerklage**, Ehesachen **122** 44, **123** 83, **126** 64, **127** 70; Genossenschaftsrecht **124** 39
**Widerspruch**, grundbuchlicher **129** 25, 37; Vormerkung **121** 11; Zwangsvollstreckung **127** 2
**Widerspruchsklage**, Geschäftsaufsichtsverfahren **122** 18
**Wiederaufnahmeverfahren**, strafrechtliches **129** 58
**Wiedereinsetzung**, Aufwertungsanmeldefrist **129** 38; Patentverfahren **125** 12, **126** 55; reichsgerichtliche Nachprüfung **125** 14; sofortige Beschwerde **127** 53; Terminsbekanntgabe **120** 43; Testamentsvollstreckerverschulden **121** 92; unvollständige Urteilsausfertigung **121** 29; vorschriftswidrige Gerichtsbesetzung **121** 3; Zufall unabwendbarer **120** 55, **129** 34
**Wiedereintragung**, Eigentümergrundschuld **126** 37; früherer Gläubiger **121** 33
**Wiederholungsgefahr**, Patentrecht **125** 76
**Wiederkaufsrecht**, Aufrechnung **121** 86; Baugenossenschaft **130** 44; Vormerkung **125** 49; Wirkung **126** 66
**Willenserklärung**, Zugehen **125** 14

**Willensmangel,** Beitrittserklärung Geschäftsunfähiger zu einer G. m. b. H. **123** 26
**Willkürhandlung,** Behörde **130** 69
**Wirtschaftskonzession** **125** 42
**Wohlerworbene Rechte,** Beamte **120** 72, 82, **125** 58, 70, **127** 29, **129** 18, 48; Kommunalbeamte **122** 20; Wohnungsgeldzuschuß **125** 70; s. a. Beamte
**Wohnräume,** Mietrecht **124** 2; s. a. Mietrecht
**Wohnungszwangswirtschaft** **127** 50, 51

## Z.

**Zahlmeisteranwärter,** Beamte **122** 1
**Zahlungsbefehl,** Verjährungsunterbrechung **129** 66
**Zahlungseinstellung,** Kenntnis **124** 64
**Zahlungsversprechen,** Anfechtung **123** 56
**Zedentenaufwertung** **126** 20, **128** 21
**Zeitgeschichtliche Persönlichkeit,** Recht am Bilde **125** 16
**Zeitungsverkauf,** öffentliche Straße **125** 23
**Zerrüttung,** Ehescheidungsgrund **126** 38
**Zeuge,** Schiedsrichter **129** 4
**Zeugnisverweigerung,** Aufwertungssachen **125** 54
**Zinserlaß,** Zwangsvergleich **125** 79
**Zollbeamte,** Amtspflichtverletzung, **121** 43
**Zollpflicht,** Vorbehalt **121** 43
**Zubehör,** Maschine **130** 58; Zwangsversteigerung **125** 69, **127** 49
**Zufall, unabwendbarer,** Fristversäumung **126** 55; Wiedereinsetzung **120** 43, **129** 34; s. a. Wiedereinsetzung
**Zugehen,** Willenserklärung **125** 14
**Zurückbehaltungsrecht,** Arglist **126** 83; Grundschuldbrief **124** 8; Wirkung **123** 2
**Zurückverweisung** **123** 49, 50
**Zusammenhang, ursächlicher,** Unterbrechung **125** 72
**Zuschlagsbeschluß,** Zwangsversteigerung **129** 31
**Zusicherung,** Vereinbarung bei Ehescheidung **126** 68
**Zuständigkeit,** Aufwertungsstelle **123** 19, **125** 75; weitere Beschwerde **122** 59; Eheverfahren **127** 37; Gehaltsansprüche von Geistlichen **127** 57; Tarifvertrag **124** 29
**Zuständigkeit, örtliche,** Aufgebot **121** 7; Eheverfahren **130** 10
**Zuständigkeit, vereinbarte,** Aufwertung **127** 31
**Zustellung,** nicht verkündete Urteile **120** 55; Zwangsversteigerungsverfahren **125** 59; s. a. Urteilszustellung
**Zustellungsurkunde,** Beweismittel **124** 7
**Zwangs- und Bannrechte** **129** 64
**Zwangslizenz,** Amerikaner **121** 77; öffentliches Interesse **130** 76; Rechnungslegung **127** 44; Voraussetzung **126** 58

**Zwangslotse,** Staatshaftung **126** 18
**Zwangstarifvertrag,** richterliches Prüfungsrecht **123** 45
**Zwangsvergleich,** Anfechtung **127** 71; außerhalb des Konkurses **125** 79; Geschäftsaufsichtsverfahren **122** 18; Vergleichsbürgschaft **122** 76
**Zwangsverstaatlichung,** Eisenbahn **125** 44
**Zwangsversteigerung,** Aufwertung **122** 47; Berichtigungsbeschluß **129** 31; Eigentümerrangbefugnis **122** 81; einstweilige Einstellung **125** 7; Löschungsvormerkung **127** 52; Mindestgebot **129** 6; Schuldenhaftung **125** 21; Tilgung von Liquidationsgoldpfandbriefen **127** 66; Vertagung **125** 59; Vorrangeinräumung **122** 13; Zubehör **125** 69, **127** 49; Zuschlagsbeschluß **129** 31
**Zwangsvollstreckung,** Einstellung **128** 14; Geschäftsaufsichtsverfahren **123** 17; aus notarieller Urkunde **129** 33; Widerspruchsrecht **127** 2
**Zweigniederlassung,** Bankhaftung **130** 5
**Zwischenstaatliches Privatrecht** s. internationales Privatrecht
**Zwischenstaatliches Recht 130** 5
**Zwischenurteil,** Anfechtung **121** 19; Anspruchsbefreiung **122** 62; Anspruchsübergang **123** 10; Enteignungsentschädigung **129** 72; Schadenersatzansprüche **129** 19
**Zwischenverfügung,** Grundstücksumschreibung **126** 25
**Zwischenzeitliches Recht,** Patentrecht **125** 12
**Zwischenzinsen,** Aufwertung **121** 13, 62; Berechnung **122** 52

# Gesetzesregister.

Bei den größeren Gesetzen (BGB., EGzBGB., HGB., ZPO., EGzZPO., AufwG., FGG., GVG., GBO., KO., RV., WO. u. ZPO. verweist die fettgedruckte Ziffer auf den Paragraphen; die nach dem Paragraphen oder einem Strichpunkt folgenden dreistelligen Ziffern verweisen hier auf die Bandzahl, die folgenden auf die Entscheidungsnummern.

Bei den kleineren Gesetzen bedeutet die fettgedruckte Ziffer die Bandzahl, die folgenden Ziffern bis zum Strichpunkt die Entscheidungsnummern.


**Abgeltungserweiterungsverordnung (AbgeltErwVO.) 127** 68.

**Allgemeine Deutsche Seeversicherungsbedingungen (AllgDSeeVersBed.) 120** 9; **121** 93; **123** 4 5 35 40 72; **130** 8 66.

**Anfechtungsgesetz (AnfG.) 123** 60; **125** 49; **126** 16; **130** 80.

**Anleiheablösungsgesetz (AnlAblG.) 120** 19; **121** 81; **123** 89; **124** 10 66; **125** 43; **127** 10 16 32; **129** 22 39 63 68.

**Durchführungsverordnungen zum Anleiheablösungsgesetz (DurchfVO.z.AnlAblG.) 124** 10; **125** 43; **127** 10; **129** 39.

**Arbeitsgerichtsgesetz (ArbGerG.) 124** 29; **125** 38; **127** 62.

**Arzneimittelverordnung (ArznMVO.) vom 22. Oktober 1901 128** 48.

**Aufhebungsverordnung (AufhVO.) vom 18. Oktober 1924 123** 91.

**Aufwertungsgesetz (AufwG.) 1** 120 16 62 121 51 67 80 123 31 124 62 66 127 16 129 27 44; **2** 121 61 125 19 127 1; **3** 120 74 75 124 66 125 19 127 1; **4** 121 51 122 26 127 31 65; **5** 127 1; **6** 120 4 121 31 73 125 62 126 37 127 65; **7** 122 36 81 124 42 125 6 130 13 80; **8** 120 34; **9** 120 34 83 121 18 32 51 70 123 1 128 21 129 7; **10** 121 10 42 67 71 122 4 123 1 124 62 125 21 126 48 128 31; **11** 121 67; **12** 120 34 122 4; **14** 124 62; **15** 120 64 65 121 32 70 75 78 122 4 123 20 23 124 60 125 66 127 60 129 44 54; **16** 120 23 50 53 57 121 72 73 92 122 4 128 7 50 129 38 44 130 42; **17** 121 33 61 67 122 4 33 47 123 76 125 11 126 20 127 31 128 21; **18** 122 52 125 19; **20** 120 64 65 121 33 123 6 12 13 15 124 36 125 10 62 126 20 37 42 127 65 128 7 11 129 23 43 130 72; **21** 120 49 121 33 122 47 123 54 125 6 126 20 37; **22** 120 4 122 26 123 20 124 42 125 11 128 7 130 72; **24** 122 4; **25** 121 13 37 62 125 49; **26** 121 37; **28** 121 13 33 37 123 54 128 56; **31** 123 54 126 20 129 43 44; **38** 125 9; **47** 127 10; **48** 127 10;

**49** 127 10; **50** 123 75 127 10 66; **55** 120 19; **59** 120 16 121 2 122 45 126 47 127 5 129 27; **60** 120 16 121 1 122 45 127 5; **61** 120 16 127 47; **62** 123 1 85 124 10; **63** 120 77 121 10 122 6 74 82 123 1 79 85 87 124 10 48 52 125 19 71 129 44; **65** 120 77 121 51 123 79 87 124 48 125 19 71; **66** 120 77 121 50 126 17 72; **67** 120 57 121 51 122 45 51 52 123 76 125 49 127 26 55 129 44 130 42; **68** 123 16 23 130 42; **69** 120 18 121 10 51 122 21 127 31; **71** 127 31; **73** 120 18 61 125 54; **74** 120 18 61 121 28 125 54 127 31 130 25; **77** 121 51 122 21; **78** 122 52 125 66; **87** 122 36; **88** 129 43; **97** 122 45; **115** 122 36.

**Aufwertungsnovelle (AufwNov.) 121** 33 87 90; **123** 19 22 55; **126** 19; **127** 47 60 67; **128** 7 11 21 40 50; **129** 38.

**Durchführungsverordnung zum Aufwertungsgesetz (Durchf-VO.z.AufwG.) 120** 16 50 53 69; **121** 1 2 13 80; **122** 52; **123** 19; **124** 4 62; **127** 5 66 67; **129** 27 43 44.

**Reichsverordnung über Außenhandelskontrolle vom 20. Dez. 1919 130** 38.

**Bankgesetz (BankG.) 125** 55; **130** 77.

**Beamtenunfallfürsorgegesetz (BeamtUnfFG.) 122** 10; **129** 26.

**Bekanntmachung vom 15. März 1918 123** 73.

**Revidiertes Berner Abkommen vom 13. November 1908 130** 4.

**Besoldungsgesetz vom 30. April 1920 (16. Dezember 1927) 129** 58.

**Besoldungssperrgesetz (BesSpG.) 122** 2.

**Betriebsrätegesetz (BetrRG.) 126** 11.

**Wahlordnung zum Betriebsrätegesetz (WahlO.z.BetrRG.) 126** 11.

**Binnenschiffahrtsgesetz (BinnSchG.) 120** 28; **122** 48; **125** 83; **126** 70; **127** 14.

**Börsengesetz (BörsG.) 129** 41.

**Branntweinmonopolentschädigungsgesetz (BrMon.EntschG.) 128** 53.

**Branntweinmonopolgesetz (BranntwMG.) 121** 23; **128** 53; **130** 12 18 49.

**Bundesratsverordnung vom 28. September 1914 121** 26.

**Bürgerliches Gesetzbuch (BGB.) 6** 130 14; **7** 126 2; **9** 126 2; **21** 130 76; **25** 122 57 125 64; **30** 121 90 128 54; **31** 120 68 121 90 124 46 125 32 127 41 128 37 54; **39** 122 57 130 78; **40** 120 25; **43** 130 76; **54** 120 25 121 68; **85** 121 41; **87** 121 41; **89** 120 68 121 90 128 54; **90** 130 61; **91** 126 4; **94** 130

(BGB.) 58; **97** 130 58; **98** 130 58; **103** 129 3; **104** 120 39 130 14; **105** 120 39; **107** 130 29; **113** 126 59; **117** 129 30; **119** 120 14 123 23 56 58 124 26 40 126 16 128 18 129 67; **120** 130 58; **121** 124 26 125 2; **123** 128 18 129 67 130 60; **124** 130 46; **126** 125 14 30 126 16; **127** 125 14; **133** 121 10 123 71 90 126 14 127 35 40 128 47 129 21 130 64; **134** 123 21 125 42 130 1; **135** 120 27; **136** 120 27 127 38; **138** 120 11 33 123 26 126 68 127 64 128 1 16 42 130 1 32 60; **139** 120 29 121 21 57 122 29 125 42 128 1 130 44 60; **140** 121 21 24 124 8 125 42 129 24 130 17; **142** 130 45; **144** 128 18; **145** 121 85; **148** 121 85; **151** 121 9 123 26 128 29 129 21; **154** 124 19; **157** 120 5 38 121 10 14 123 90 124 3 43 63 125 3 47 126 68 69 127 4 35 40 128 47 129 17 21 130 55 64; **158** 122 71; **162** 122 54 129 17; **164** 120 38 123 8 130 21; **166** 128 18 129 65 67; **172** 124 70; **177** 122 38 49 130 55; **178** 130 55; **179** 120 29; **181** 121 9 12 122 35; **182** 128 27 129 56; **183** 129 56; **184** 125 11 128 27; **185** 124 8 129 56; **187** 125 12; **188** 125 12; **191** 130 55; **195** 123 86; **196** 123 86 128 13 129 74 130 18 52 79; **198** 120 80; **201** 120 80 128 13; **202** 120 80 122 70 126 62; **203** 122 70 126 12 128 5; **205** 120 80 128 33; **207** 130 55; **208** 120 80 128 13; **209** 128 13 129 70; **211** 128 13 30 129 66; **214** 128 13; **215** 128 13; **216** 128 13; **222** 128 5 130 14; **226** 125 23; **233** 124 46; **234** 120 28; **242** 120 2 3 5 16 17 65 81 121 14 32 35 40 47 61 122 6 7 32 42 54 70 74 80 123 1 23 40 61 85 124 10 18 36 48 63 125 2 3 9 10 19 46 47 61 126 3 28 41 51 62 67 68 69 84 127 4 28 44 55 128 43 53 56 129 11 42 44 54 62 130 27 44 55 64; **244** 120 17; **249** 120 1 125 40 126 85; **254** 121 27 122 58 75 123 53 125 39 126 6 127 8 33 128 4 24 129 21 26 59 73 74 130 1 36 79; **256** 120 17 126 4 41; **259** 125 51 127 44; **260** 129 49; **261** 125 51; **264** 129 28; **267** 120 48 127 26 66; **268** 123 37 75 127 66; **273** 120 2 46 123 2 124 8 126 83; **276** 120 29 35 56 121 13 84 90 122 75 123 59 124 24 125 72 126 15 32 70 78 81 127 39 128 4 19 24 37 54 130 21 23 37; **278** 120 29 36 42 121 14 27 122 62 75 123 53 124 11 126 10 127 4 39 59 130 21; **281** 120 66 78; **282** 128 19; **284** 121 51 126 60 130 5; **285** 130 5; **286** 125 40; **287** 125 40; **291** 130 61; **305** 123 56 126 81; **311** 130 6; **313** 120 26 121 88 122 29 125 52 126 30 45 66 127 71 129 11 24; **317** 124 9; **319** 124 9; **320** 120 46 126 60 83; **322** 126 4; **323** 120 78 121 35 123 90 130 28; **325** 126 14; **326** 120 12 29 46 121 12 13 32 123

**(BGB.)** 7 88 126 14 127 45 129 28; **327** 130 28; **328** 124 46 126 68 69 127 26 40 130 27 53; **330** 127 48 128 29; **331** 127 48 128 29; **339** 122 56; **346** 130 28; **354** 123 88; **368** 123 20; **370** 124 70; **372** 121 18; **387** 123 78 124 4; **389** 122 31 129 14; **390** 123 78 124 4; **393** 123 2 125 80; **394** 123 2; **395** 124 34; **397** 124 58; **398** 121 70 123 86 126 60 127 45 130 27 53 64; **399** 121 59 70 128 56; **401** 126 83; **403** 126 60; **404** 121 44 70 124 25 126 83 128 56 130 27; **405** 124 46; **406** 125 50; **407** 125 79; **409** 126 40; **412** 124 25; **413** 126 60; **414** 125 21 127 21 130 27; **415** 120 16 34 121 28 70 74 125 21 127 21 128 11 129 7; **416** 120 34 128 11; **419** 120 75 123 13 130 6; **423** 126 60; **432** 124 41; **433** 120 37 64 124 19 36 125 47 126 30 127 47 130 61; **434** 120 64 121 14 122 80 124 36 126 3 127 27; **435** 126 3; **436** 127 27 129 3; **437** 121 31; **439** 120 64 121 14 122 80 124 36 126 3 83; **445** 121 31 129 3; **446** 127 27; **459** 120 64 123 36 129 55 130 79; **463** 129 55; **477** 128 33 129 55; **478** 128 33; **481** 123 36 52; **485** 123 52; **487** 123 52; **492** 123 36 52; **497** 121 86 126 66; **498** 126 66; **504** 125 24 52; **505** 121 34; **507** 125 25; **508** 123 64; **510** 126 28; **513** 120 10; **514** 120 10; **516** 125 73 128 29; **519** 120 1; **534** 125 73; **535** 122 11 60 123 64 125 26; **558** 128 30; **559** 120 10; **566** 123 44; **567** 121 5 130 32; **569** 130 9; **571** 124 41 127 23 130 61; **581** 123 64 124 41 125 25 26 130 61; **582** 122 29; **606** 120 10; **607** 120 77; **610** 124 46; **611** 121 65 126 33 128 19 130 23; **618** 127 40; **620** 130 62; **626** 122 7 123 53; **631** 127 4 59; **635** 127 59; **639** 128 33; **653** 122 49; **662** 128 4; **666** 127 44; **668** 130 26; **669** 124 26; **670** 120 17 122 66 126 41; **676** 126 10; **677** 126 61 130 67; **681** 127 44; **683** 126 61; **687** 130 26; **705** 126 14 61; **713** 126 41; **723** 126 14 61; **730** 123 7 126 61; **733** 125 54 126 41 84; **735** 126 41; **736** 128 27; **738** 122 32; **741** 126 58; **750** 125 56; **765** 126 61; **766** 126 27; **767** 122 31; **768** 122 31 80; **770** 122 31; **779** 122 42 52 129 9 44; **791** 127 17 26 55; **794** 125 56; **798** 125 56; **812** 120 17 66 121 35 60 122 49 52 123 56 124 68 125 40 52 126 41 127 50 65 129 60 130 14 69; **813** 120 63 128 5 33; **814** 125 52 126 41; **815** 129 60; **816** 121 11; **817** 127 50; **818** 121 11 35 122 49 124 26 68 125 40 130 67; **820** 123 90; **823** 120 35 58 68 121 46 95 122 58 124 24 50 51 125 13 32 54 72 126 6 21 31 127 4 128 4 19 22 24 37 48 54 129 22 26 53 59 70 130 37 69 86; **824** 124 51; **826** 120 12 21 121 17 122 35 123 65 124 50 51 125 54 80 126 40

(BGB.) 50 128 22 52 130 19 64 69; **830** 121 94 129 64; **831** 120 28 35 68 121 27 90 122 58 124 43 126 7 31 127 39 128 4 24 129 12 26; **833** 129 12; **839** 120 15 36 121 27 125 17 126 6 18 54 77 78 127 30 50 129 6 9 130 86; **843** 129 12 130 56; **844** 122 66 125 72 126 54 130 56; **845** 126 54 129 12; **846** 128 37; **847** 129 12; **852** 122 70 129 70; **853** 130 46; **868** 121 12; **873** 121 88 125 27 45 52 128 45 129 2; **878** 120 27; **879** 128 45 129 25; **880** 128 45; **883** 121 11 124 19 42 125 49 128 41 129 37; **888** 121 11 125 49 129 37; **891** 121 75 124 60 125 45 127 46; **892** 121 11 123 6 12 13 20 125 11 45 61 126 9 20 42 127 65 128 7 45 46 129 23 25 31 37 130 13 82; **893** 121 11; **894** 121 79 89 123 13 125 45 128 7 129 31 37 130 75; **899** 128 7 129 37; **905** 123 46 47; **906** 122 28; **907** 122 28; **925** 125 27 129 24; **927** 130 14; **930** 124 17 129 13; **946** 130 67; **951** 130 67; **985** 128 9 129 60; **986** 124 8 127 2 128 9; **987** 129 60; **989** 121 79; **990** 121 79 129 60; **993** 129 60; **994** 129 60; **996** 129 40; **999** 129 40; **1004** 121 11 79 123 47 125 23 76 127 8 128 22 47; **1018** 130 74; **1094** 125 52; **1105** 129 43; **1113** 123 43 125 69 128 71; **1115** 127 58; **1117** 128 45; **1120** 125 69; **1121** 125 69; **1122** 125 69; **1127** 122 27; **1128** 122 27; **1132** 122 71 123 18; **1137** 128 40; **1138** 121 75; **1142** 127 66; **1143** 127 66; **1147** 125 69; **1149** 130 49; **1150** 123 37 75; **1154** 124 8; **1163** 120 25 126 37 127 66 128 45 129 7; **1164** 129 7; **1168** 120 53; **1169** 128 40; **1177** 129 7; **1179** 127 52 130 51; **1180** 121 10; **1181** 125 69; **1184** 123 43; **1190** 120 25 83 123 1 126 59; **1191** 125 69; **1192** 120 48 122 27 124 8 125 69 126 74; **1196** 125 62 69; **1197** 125 69; **1198** 121 10; **1205** 124 46 126 74; **1229** 130 49; **1244** 126 5; **1274** 124 8 46; **1282** 122 27; **1310** 124 12; **1312** 121 8; **1333** 125 33 128 12; **1352** 124 12; **1354** 124 12; **1356** 129 12; **1360** 129 12; **1362** 120 24; **1367** 127 22 129 12; **1372** 126 24; **1374** 124 58 126 24; **1375** 124 58; **1380** 129 12; **1381** 126 25; **1383** 124 58; **1389** 129 12; **1391** 126 24; **1394** 126 24 26; **1395** 124 58 127 22; **1396** 127 22; **1399** 124 58; **1403** 125 78 127 22; **1438** 125 67 129 12; **1439** 125 67; **1442** 125 67; **1445** 125 67; **1483** 125 67; **1490** 125 67; **1497** 125 67; **1519** 129 12; **1549** 129 12; **1564** 122 44; **1565** 120 8 121 8 123 32; **1568** 120 8 123 32 124 12 126 38 127 20 130 39; **1570** 123 58; **1571** 127 20 128 5; **1573** 127 20; **1574** 127 70; **1590** 124 12; **1591** 123 63; **1602** 123 10; **1627** 130 29; **1629** 129 5; **1630** 130 29;

(**BGB.**) **1632** 122 5; **1635** 129 5; **1638** 129 5; **1643** 127 30 129 7; **1666** 124 55 129 5; **1684** 130 29; **1686** 127 30 129 7 130 29; **1705** 122 5; **1707** 122 5; **1719** 123 63; **1732** 124 12; **1736** 122 5; **1737** 124 12; **1741** 121 27 129 47; **1747** 121 9; **1748** 121 9 125 53; **1750** 121 27; **1798** 129 5; **1804** 125 73; **1807** 128 49; **1808** 128 49; **1811** 128 49; **1821** 129 7 130 33; **1822** 122 78 127 30; **1829** 121 9 130 33; **1831** 127 30; **1836** 127 21; **1911** 126 56; **1994** 129 49; **2001** 129 49; **2006** 120 49; **2033** 129 24; **2040** 125 27 129 56; **2042** 129 24; **2079** 130 45; **2085** 130 31; **2113** 125 49; **2136** 125 49; **2202** 130 31; **2204** 130 31; **2208** 130 31; **2211** 121 92; **2212** 121 92; **2216** 130 31; **2218** 130 31; **2219** 130 31; **2241** 129 56; **2271** 130 45; **2281** 130 45; **2304** 129 49; **2307** 129 49; **2314** 129 49; **2325** 128 29; **2371** 129 49.

**Einführungsgesetz zum Bürgerlichen Gesetzbuch (EG.z.BGB.)** **7** 125 53; **12** 129 70; **13** 127 37; **17** 126 75; **19** 125 53; **20** 125 53; **22** 125 53; **30** 126 43 75; 129 20; **58** 124 27; **65** 122 18 41; **77** 128 39; **88** 120 47; 128 57; **109** 127 17; 128 2; **111** 128 2; **113** 129 43.

**Darlehenskassengesetz (DarlKassG.) 129** 22.

**Depotgesetz (DepG.) 121** 12; **130** 128.

**Deutsch-Amerikanisches Abkommen vom 23. Februar 1909 (Deutsch-am. Abk.) 121** 77.

**Deutsch-Französisches Übereinkommen vom 19. April 1883 und vom 8. April 1907 130** 4.

**Deutsch-Polnisches Abkommen vom 21. April 1920 124** 43.

**Deutsch-Polnisches Abkommen vom 5. Mai 1922 (Deutsch-Poln. Abk.) 120** 62.

**Deutsch-Schweizerisches Abkommen über Goldmarkhypotheken vom 6. Dezember 1920 130** 48.

**Einkommensteuergesetz (EinkStG.) 122** 73.

**Eisenbahnverkehrsordnung (EVO.) 120** 22 60; **130** 16.

**Entlastungsgesetz (EntlG.) 124** 31.

**Entlastungsverordnung vom 19. Mai 1924 (EntlVO.) 123** 74.

**Entschädigungsordnung von 1921 121** 55.

**Ermächtigungsgesetz (ErmG.) 123** 91.

**Fernmeldeanlagengesetz (FernMeldeAnlG.) 128** 52.

**Finanzausgleichsgesetz (FinAusglG.) 127** 42; **130** 69.

**Freiwillige Gerichtsbarkeitsgesetz (FGG.)** **18** 124 57; **19** 120 18; **22** 120 61; **28** 122 59 124 57 125 54 127 15; **71** 121 9; **144** 127 15; **168** 122 17; **176** 124 14.

**Gebrauchsmusterschutzgesetz (GebrMSchG.) 120** 52; **128** 32; **130** 2.
**Genossenschaftsgesetz (GenG.) 121** 56 57; **122** 6 55; **123** 61; **124** 39; **125** 29 30; **128** 3 15; **129** 10; **130** 44.
**Gerichtsentlastungsbekanntmachung vom 15. Mai 1924 (GerEntlBek.) 120** 55.
**Gerichtskostengesetz (GKG.) 125** 22.
**Gerichtsverfassungsgesetz (GVG.) 13** 121 4 63 65; 122 41; 123 46 47 56; 125 44 47; 127 16 64; 128 23; 129 19 57; 130 59 63 68 69; **29** 123 15; **62** 126 22 52; 127 19; 130 34; **66** 121 48; 126 22; 127 19; 130 34; **71** 127 57; 130 69 86; **117** 121 48; 125 22 52; 127 19; 130 34; **170** 128 34; **174** 128 34.
**Geschäftsaufsichtsverordnung (GeschAufsVO.) 122** 18 76; **123** 17; **124** 64 65; **125** 79; **127** 11 71.
**Gesetz zur Bekämpfung der Geschlechtskrankheiten (GeschlK.-BekG.) 129** 29.
**Geschmacksmusterschutzgesetz (GeschmMSchG.) 120** 21; **121** 91; **124** 16.
**Gesetz die Gesellschaften mit beschränkter Haftpflicht betreffend (GmbHG.) 120** 12 75; **121** 68; **122** 35 37 77; **123** 3 26; **124** 44 52 68; **125** 24 63 78; **127** 13 15 26; **128** 1; **129** 11; **130** 7 15.
**Gewerbegerichtsgesetz (GewGerG.) 127** 62.
**Gewerbeordnung (GewO.) 124** 50; **125** 42; **127** 8; **128** 51; **129** 29.
**Reichsgesetz über die Sicherung von gewerblichen Schutzrechten deutscher Reichsangehöriger im Ausland vom 6. Juli 1921 125** 36.
**Goldbilanzverordnung (GoldBilVO.) und Durchführungsverordnungen 120** 7 71; **121** 57; **122** 42 74; **123** 61; **124** 52; **125** 29.
**Grundbuchordnung (GBO.) 18** 126 25; **22** 127 58; **25** 129 2; **29** 125 67; **31** 127 24; **54** 120 4; 125 62; 129 37; 130 13; **71** 120 4; **79** 122 59; 124 42; 125 64 67; 127 58; **80** 125 67.
**Grunderwerbsteuergesetz (GrErwStG.) 126** 25.
**Handelsgesetzbuch (HGB.) 1** 130 52; **15** 120 81 125 45 127 18 30; **18** 127 15; **25** 130 9; **27** 130 9; **28** 129 38; **40** 120 7 81; **43** 127 18; **53** 127 30; **54** 127 41; **88** 121 30; **93** 123 25; **94** 123 25; **106** 125 45; **107** 125 45; **119** 123 67; **122** 120 31; **124** 124 32; **126** 125 73; **128** 120 31 124 32 125 81; **129** 124 32; **130** 128 27; **133** 122 68 123 38; **140** 122 68; **145** 123 38; **149** 123 38; **155** 127 28; **159** 125 81; **161** 123

(**HGB.**) 67; **163** 123 67; **169** 120 31; **173** 128 24; **176** 128 27; **177** 123 67 84; **186** 121 64 127 35 130 55; **191** 127 35; **200** 123 90; **202** 127 35; **207** 121 24; **210** 122 51; **211** 122 74 124 69; **215** 121 24; **221** 122 74 124 69; **222** 123 66; **223** 123 68; **227** 120 41; **231** 129 52; **246** 129 36; **252** 122 22; **259** 122 22; **261** 120 81; **271** 120 7 121 56 122 22 123 50 124 54; **272** 123 49; **273** 123 49; **274** 129 52; **275** 125 68; **276** 121 56; **292** 124 54 127 36; **302** 129 20; **303** 124 54; **304** 124 66; **305** 124 54; **306** 129 67 124 54; **308** 124 54; **309** 121 21; **311** 120 81; **312** 125 80 129 53; **320** 129 52; **328** 129 52; **332** 129 52; **335** 125 79 126 84 130 1; **336** 122 82; **342** 122 42; **344** 122 51 130 52; **346** 123 25 129 67; **354** 122 49; **361** 120 17; **377** 125 15 130 79; **384** 120 66; **390** 126 15; **392** 121 44; **396** 124 26; **407** 125 74; **412** 125 74; **430** 125 83; **436** 122 48; **442** 122 48; **447** 122 48; **453** 130 16; **481** 126 7; **485** 124 11 126 7; **486** 120 10 126 7; **489** 123 27; **494** 123 27; **498** 126 8; **535** 121 69; **557** 122 69; **608** 125 83; **611** 121 69; **651** 122 69; **659** 121 69; **664** 124 11; **735** 122 62 125 13; **736** 125 13; **738** 122 62 125 13; **787** 130 8; **821** 122 50.

**Industriebelastungsgesetz (IndBelG.) 123** 29.

**Internationales Übereinkommen über den Eisenbahnfrachtverkehr (IÜbk.) 120** 60 70; **124** 22 43; **127** 54.

**Kapitalverkehrssteuergesetz (KapVerkStG.) 122** 25; **127** 41; **129** 61.

**Kartellverordnung (KartVO.) 122** 56; **125** 20; **128** 1.

**Kaufmannsgerichtsgesetz (KaufmGerG.) 127** 62.

**Konkursordnung (KO.) 4** 126 65; **6** 121 51; **10** 122 11; 127 38; **14** 129 71; **15** 127 6; **17** 122 15; 129 46; **19** 122 15; **21** 127 23; **30** 120 45; 126 65; 127 11; 129 71; **31** 120 45; 126 65; **32** 120 24 45; 124 12; **33** 124 64; **40** 120 45; **47** 126 65; **48** 125 56; **53** 121 86; 124 3; **54** 121 86; **55** 121 86; 124 64; **57** 124 65; **58** 124 65; **59** 122 15; 124 65; **61** 120 67; 126 53; 130 70; **64** 126 65; **65** 126 53; **73** 124 1; **74** 124 1; **117** 120 45; **144** 122 11; **145** 124 1; **146** 122 11; 130 70; **161** 124 1; **193** 127 71; **196** 127 71; **197** 127 71.

**Reichsverordnung vom 14. Februar 1924 über die Goldmarkumrechnung im Konkurs 124** 1.

**Konsulargerichtsbarkeitsgesetz (KonsGerG.) 125** 60.

**Reichsverordnung über die Ausübung der Konsulargerichtsbarkeit in Ägypten vom 31. Juli 1925 125** 60.

**Kraftfahrzeuggesetz (KFG.) 120** 35; **122** 58; **123** 10 41; **124** 25; **125** 20 41; **126** 71; **127** 33 34; **128** 24; **129** 12 26 59; **130** 30 37.

**Kraftfahrzeugverordnung (KFVO.) 120** 35; **125** 41; **128** 24; **129** 59; **130** 37.

**Kunstschutzgesetz (KunstschG.) 124** 16; **125** 16; **127** 39; **130** 43.

**Landesgesetze und -verordnungen 120** 13 26 37 40 47 51 54 59 76 82; **121** 6 12 15 18 21 22 25 38 41 47 63 76 83 85 88; **122** 1 3 16 17 19 20 23 25 28 30 38 40 49 60 61 65 66 67 70; **123** 8 34 39 46 47 48 68 73 77 81 89; **124** 2 24 30 37 59 61 65 70; **125** 4 5 11 18 35 44 57 61 65 70 74 77 82; **126** 21 30 33 36 40 44 77 78 79 80; **127** 6 8 9 17 24 25 29 42 46 47 62; **128** 2 6 8 20 22 36 38 39; **129** 2 3 8 15 29 33 39 47 48 50 57 59 61 72; **130** 12 20 36 40 41 51 53 61 68 69 74 87.

**Liquidationsschädengesetz (LiquSchG.) 121** 4.

**Literarisches Urheberrechtsgesetz (LitUrhG.) 121** 17 60 84; **122** 14; **123** 30 70 71; **128** 17 47 52; **129** 51; **130** 4.

**Mieterschutzgesetz (MietSchG.) 120** 30; **122** 12 39; **124** 2 47; **126** 23; **128** 9.

**Militärstrafgesetzbuch (MStGB.) 129** 58.

**Münzgesetz (MünzG.) 130** 77.

**Offizierspensionsgesetz (OffPensG.) 125** 1.

**Patentgebührenordnung (PatGebO.) 125** 12.

**Patentgesetz (PatG.) 120** 59; **121** 59 66 77; **122** 53; **123** 14 28 62; **124** 67; **125** 12 76; **126** 13 14 29 55 58 60; **127** 44; **130** 26 35 54 76.

**Patentordnung (PatO.) 127** 36.

**Patentverlängerungsgesetz (PatVerlG.) 124** 56; **125** 12; **126** 55.

**Personenstandsgesetz (PersStG.) 123** 63.

**Postgesetz (PostG.) 127** 3.

**Postordnung (PostO.) 127** 3.

**Preistreibereiverordnung (PreistrVO.) 120** 30; **122** 39.

**Reichsgesetz die privaten Versicherungsunternehmungen betreffend (PrivVersUntG.) 127** 67.

**Rechtsanwaltsgebührenordnung (RAGebO.) 121** 49.

**Rechtsanwaltsordnung (RAO.) 126** 63.

**Reichsabgabenordnung (RAbgO.) 121** 43; **123** 56; **124** 17; **126** 53; **127** 64; **130** 12 28 56 78 113 135.

**Reichsbahngesetz (RBahnG.) 124** 24; **125** 77; **126** 21; **129** 35.

**Reichsbeamtengesetz (RBeamtG.) 120** 14; **121** 36; **122** 1 24; **123** 51; **124** 20 34; **125** 1 58; **128** 28.
**Reichsbeamtenpensionserhöhungsgesetz (RBeamtPenserhG.) 120** 72.
**Reichsbesoldungsgesetz (RBesG.) 122** 1; **124** 45; **129** 58.
**Reichsbesoldungsordnung (RBesO.) 121** 53.
**Reichsbewertungsgesetz (RBewG.) 122** 73.
**Reichsbürgschaftsgesetz (RBG.) 130** 84.
**Reichsfürsorgepflichtverordnung (RFV.) 124** 55.
**Reichsgerichtskostengesetz (RGKG.) 124** 65.
**Reichsgesetz vom 28. Februar 1888 (4. August 1914) über die Unterstützung der Familien, der in den Kriegsdienst getretenen Mannschaften 127** 68; **128** 5.
**Reichsgesetz über die Aussetzungen von Rechtsstreitigkeiten vom 6. Juli 1929 128** 26.
**Reichsgesetz vom 11. Juni 1922 120** 62.
**Reichsgesetz vom 23. Juni 1923 122** 36.
**Reichsgesetz vom 6. Februar 1923 und 14. Juli 1925 126** 39 63.
**Reichsgesetz vom 9. Juli 1927 123** 12 54.
**Reichsgesetz über den Vorsitz bei den Kollegialgerichten vom 30. März 1928 121** 20.
**Reichsgesetz vom 28. Dezember 1929 128** 53.
**Reichsgesetz über die Entschädigung der im Wiederaufnahmeverfahren freigesprochenen Personen 129** 58.
**Reichshaftpflichtgesetz (RHaftpflG.) 121** 90; **124** 38; **126** 31 62 71; **128** 35.
**Reichshaftungsgesetz (RHaftG.) 130** 85.
**Reichsjugendwohlfahrtsgesetz (RJWG.) 124** 55 57.
**Reichsgesetz über Reichskassenscheine und Banknoten vom 4. August 1914 125** 55.
**Reichsmietengesetz (RMietG.) 120** 6; **122** 35 52; **125** 2; **126** 23.
**Reichsschutzpolizeigesetz (RSchupoG.) 124** 37.
**Reichssiedlungsgesetz (RSiedlG.) 120** 33; **128** 25.
**Reichsstempelgesetz (RStempG.) 127** 6.
**Reichs- und Staatsangehörigkeitsgesetz (RStAngG.) 120** 47; **127** 37.
**Reichsverfassung (RVerf.) 13** 122 3 67; 129 48; 130 69; **17** 122 67; **36** 127 9; **59** 125 55; **89** 126 34; **92** 126 94; **101** 128 54; **103** 121 48; **105** 126 35; 128 26; **109** 124 27; 125 70; 126 35; 128 26; **118** 127 9; **129** 120 72 82; 122 2 3 20;

**(RVerf.)** 124 37; 125 70; 126 36; 127 9 29 57; 128 36; 129 18 48; 130 84; **131** 120 36; 121 27 43 55 58; 124 35; 125 4 17 20 57; 126 6 23 32 36 54 77 78; 127 30 50; 128 39 54; 129 9 59 64; 130 69 84; **133** 122 66; **137** 125 37; 129 16; **138** 125 37; 127 46; 129 16; **142** 128 16; **144** 128 36; **151** 129 29; **152** 128 16 22; **153** 121 41; 125 55; 126 21 35 43 77; 127 17 46 51; 128 2 26; 129 22 29 39 50; 130 68; **161** 122 66; **163** 121 65; **172** 126 34; **173** 125 37; 129 16.

**Reichsverfassung von 1871 (a. RVerf.) 126** 21; **128** 54.

**Reichsverordnung vom 12. Juli 1910 130** 4.

**Reichsverordnung vom 12. Dezember 1923 124** 48.

**Reichsverordnung vom 22. Mai 1926 122** 8; **126** 47.

**Reichsversicherungsgesetz (RVersG.) 130** 44.

**Reichsversicherungsordnung (RVersO.) 121** 54 **123** 10; **124** 9 25; **128** 51; **129** 45.

**Reichswehrgesetz (RWehrG.) 129** 58.

**Rentensperrgesetz (RentSpG.) 126** 35.

**Reichsgesetz über gemischte Schiedsgerichtshöfe vom 10. Aug. 1920 121** 45.

**2. Ausführungsverordnung zur Schlichtungsverordnung 123** 45.

**Schwerbeschädigtengesetz (SchwBeschG.) 124** 6; **130** 62.

**Seestraßenordnung (SeeStrO.) 122** 70.

**Staatsvertrag vom 31. März 1920 126** 34.

**Staatsvertrag über die Wasserstraßen vom 29. Juli 1921 126** 18; **128** 54.

**Steuermeldegesetz (StMeldG.) 129** 61.

**2. Steuernotverordnung** (2. **StNVO.) 126** 53.

**3. Steuernotverordnung** (3. **StNVO.) 123** 1 34; **124** 36; **125** 9; **130** 42.

**Strafgesetzbuch (StGB.) 120** 76; **124** 51; **128** 51.

**Stundungsordnung (StundO.) 127** 64.

**Tabaksteuergesetz (TabStG.) 127** 64.

**Telegraphenwegegesetz (TelWG.) 123** 91.

**Tumultschädengesetz (TumSchG.) 122** 70.

**Gesetz zur Bekämpfung des unlauteren Wettbewerbs (Unl.-WG.) 120** 11 21 73; **121** 17; **124** 50; **125** 31; **127** 61; **128** 22 144 52; **130** 80.

**Verfahrensordnung (VerfO.) 126** 23.

**Vergleichsordnung (VerglO.) 124** 64; **129** 46.

**Verlagsgesetz (VerlG.) 125** 34.

**Vermögenssteuergesetz (VermStG.) 122** 73; **126** 53.

**Versailler Vertrag (VersVertr.) 74** 121 4; **79** 120 47; **296** 124 5; **297**d 130 5; **297i** 121 4; **302** 121 45; **304** 121 45; **304**b 121 45; 123 31.
**Versicherungsaufsichtsgesetz (VersAufsG.) 129** 1.
**Versicherungsvertragsgesetz (VersVertrG.) 121** 39; **122** 27 64; **124** 21 49 59; **125** 14 39; **126** 47; **127** 7 48 56 69; **128** 18; **130** 11 24 53 57 60 89.
**Warenzeichengesetz (WZG.) 120** 73 84; **122** 43; **124** 23 53; **129** 70; **130** 54.
**Wechselordnung (WO.) 4** 130 17; **7** 129 65; **9** 126 74; **36** 129 32; **75** 126 46; **78** 129 66; **81** 122 75; 126 46; **82** 120 48; 124 15; 126 46; 129 65; **88** 126 1; **90** 126 1; **91** 126 1.
**Wehrmachtsversorgungsgesetz (WehrmVersG.) 129** 58.
**Wohnungsmangelgesetz (WohnMG.) 127** 50 51.
**Wohnungsnotverordnung (WohnNVO.) von 1919 122** 23.
**Zivilprozeßordnung (ZPO.) 4** 124 39; **9** 124 33; **14** 126 2; **24** 122 41; **32** 129 35; **36** 121 7; **37** 125 59; **51** 121 16; **52** 121 16; **56** 121 16 126 56; **62** 123 38; **68** 123 24; 130 65; **70** 124 31; **71** 124 31; **74** 123 24 130 65; **80** 129 9; **86** 124 32; **88** 129 9; **91** 130 47 83; **97** 121 19 127 12; **103** 47; **104** 130 47; **105** 130 47; **106** 130 47; **107** 130 47; **110** 126 39; **114** 126 63; **115** 125 22 126 63; **121** 125 22; **125** 125 22; **126** 125 22; **134** 126 39; **139** 130 58; **170** 124 7; **176** 120 43; **182** 122 63; **184** 123 50; **187** 123 50; **190** 124 7; **191** 124 7; **198** 124 7; **205** 120 1; **210** 120 43; **211** 120 55; **212** 120 55; **227** 125 59; **232** 120 55; **233** 120 43 55 121 3 29 125 12 127 53 129 34; **234** 120 55 129 34; **236** 125 12 126 55; **237** 126 55; **238** 125 14; **240** 122 11; **246** 120 44 130 71; **248** 130 71; **249** 122 11 129 66 130 71; **250** 122 11; **251** 128 30; **251**a 128 30; **253** 123 70 126 52 130 58; **256** 121 38 122 22 24 57 76 123 57 124 19 68 127 34 128 16 55 130 43; **257** 129 19; **265** 121 89 122 34 124 32; **266** 123 20; **268** 120 45; **274** 122 21 130 10; **275** 123 49; **276** 121 7 130 10; **280** 126 49; **286** 124 7 128 19 47 130 24 58; **287** 128 19 130 24 26; **291** 130 54; **295** 123 33; **301** 122 11 34 62; **304** 122 62 123 2 10 124 28 129 12; **309** 124 33; **317** 121 29 122 46; **318** 122 34 124 28; **319** 122 72; **320** 122 72; **321** 122 72; **322** 120 71 121 66 122 20 31 123 11 16 82 125 31 126 49 50 85 130 28; **323** 126 50 127 34 129 62; **325** 122 34 124 32; **328** 121 8 129 70; **329** 125 27; **332** 124 32; **349** 123 33; **387** 125 54; **415** 129 9; **418** 129 9; **419** 129 32; **460** 121 64; **462** 120 20; **464** 120 20; **469** 120 20; **495** 121

(ZPO.) 7; **500** 129 9; **511** 123 32 83 128 56 130 22; **515** 120 55 123 21 127 70; **516** 122 11; **518** 125 48; **519** 120 32 44 122 9 125 8 16 126 76 130 73; **520** 120 43; **521** 128 56; **523**a 123 33; **525** 126 64; **527** 120 45 126 52; **528** 122 21; **529** 120 2 123 33 129 11 130 22; **537** 126 64; 538 121 19 123 49; **539** 123 50; **545** 123 32; **546** 124 33 130 86; **547** 126 6 127 57 130 85 86; **549** 120 47 127 17 130 10; **551** 121 3 48 122 72 124 33 126 56 127 19 128 34 130 10 34; **552** 124 19; **554** 120 44 121 3 123 9 125 22 126 52; **554**a 120 39 125 14; **557** 130 10; **559** 121 3; **560** 130 50; **561** 126 64 128 10; **562** 127 17; **565** 124 57 129 45 130 10 62; **577** 124 1 127 53; **578** 120 39 121 16; **579** 120 39 121 16 48; **580** 123 69 130 81; **584** 120 39; **585** 120 39; **586** 121 16; **591** 120 39; **592** 129 32; **602** 129 32; **606** 126 75 127 37; **614** 122 44; **616** 122 44 123 83 126 57 128 12; **617** 123 21 126 68; **622** 126 64 68; **625** 122 46 123 74; **626** 127 70; **640** 122 5; **643** 122 5; **665** 129 11; **691** 130 81; **693** 129 66; **699** 130 81; **717** 121 45 123 88 124 39; **723** 129 70; **727** 124 32; **764** 121 82; **766** 121 82 123 17; **767** 122 76 124 1 32; **769** 128 14; **771** 122 18 124 17 127 2; **776** 121 82; **794** 129 9 33; **795** 129 33; **797** 122 76 129 33; **808** 126 23; **825** 126 5; **827** 121 82; **829** 124 58; **830** 120 25; **836** 128 14; **851** 130 64; **857** 120 25; **861** 124 58; **873** 121 82; **876** 121 82; **878** 121 82; **890** 123 70; **894** 124 19; **928** 121 82; **930** 121 82; **935** 120 27; **938** 120 27; **941** 120 27; **945** 121 46; **1025** 121 21; **1030** 123 78; **1031** 126 82; **1032** 126 82; **1033** 126 82; **1034** 121 64 129 4; **1035** 121 64; **1036** 121 64; **1039** 121 64; **1041** 121 64 123 80; **1045** 121 64.

**Einführungsgesetz zur Zivilprozeßordnung (EG.z.ZPO.) 15** 121 38.

**Zwangsversteigerungsgesetz (ZVG.) 122** 13 47 81; **124** 41; **125** 7 21 59 69; **127** 23 49 52 66; **129** 6 31; **130** 58.

FSC
www.fsc.org
MIX
Papier | Fördert
gute Waldnutzung
FSC® C083411

Kolibri 360 GmbH
Ferdinand-Jühlke-Straße 7
99095 Erfurt, Deutschland
produktsicherheit@kolibri360.de